サラリーマンよ！
ビートルズだ！

爆笑講義 できる会社員への道

ハリス篠原

文芸社

目次

第一日目

◆開講のご挨拶 …… 6
◆一時間目「一九四〇年〜一九五九年　リバプール」 …… 14
◆二時間目「一九六〇年〜一九六二年　ハンブルグ、レコードデビュー」 …… 26
◆休憩室「なぜビートルズがあそこまで成功できたか」 …… 40
◆三時間目「一九六三年　イギリス」 …… 56
◆四時間目「一九六四年　アメリカ」 …… 73
◆休憩室「ビートルズによるサラリーマン応援ソング」 …… 98
◆五時間目「一九六五年　ヘルプ!!」 …… 109
◆六時間目「一九六六年　ツアー撤収」 …… 132

第二日目

◆朝の息抜き「もしもビートルズがいなかったら」……174
◆一時間目「一九六七年　スタジオ隠遁」……186
◆二時間目「一九六八年　ホワイトアルバム」……213
◆三時間目「一九六九年、一九七〇年　アビーロードで解散」……233
◆最終限「フリーディスカッション」……264
◆閉講のご挨拶……282

1

The first day

第一日目

◆開講のご挨拶

ここは、とある企業向け社員研修センターの一室。教室にはぽつんと一人、スーツ姿のサラリーマンが着席している。そこに恐らく講師であろう、七十歳を越えようかという老人が、大きな麻袋をまるでサンタクロースのように重そうにかかえながら、怪しい足取りでよたよたと入ってきた。

——いやいや、おまたせしたね。おはよう。

「おはようございます」

——わが研修コース、『爆笑　サラリーマンのためのビートルズ講座』へようこそ。

「○○商事の杉本です。今日、明日、二日間よろしくお願いします」

——今回は杉本君、君一人の受講だそうだね。

「ひょっとしてなんて、予想はしてたのですが、やっぱこうなっちゃいましたね」

――寂しくない？

「寂しくないって、先生。そりゃいやな感じですよ」

――わしも寂しいよ……。

「せ、先生、そんな、いきなり悲しそうな顔しないでください」

――やっぱ帰ろうかな。

「帰ってどうするんですか！　研修やってくださいよ！」

――ちなみに、君の同僚たちはどんなコースを選択したんだい？

「我々入社八年目が今回の研修対象です。今年は複数のコースから選択可能でした。同期は『二一世紀の中間管理職』とか、『チェンジ、チャレンジ、クリエイト。三つのCが仕事を変える』とか、難しそうなのを選んでましたね」

――ふむ。

「そんな中、先生のは目立ってましたよ。なんといっても会社のお堅い研修でいきなり

『ビートルズ』ですから」

――だろ。

「しかも『爆笑』ですよ」

――わっはっはっは。

「こんなタイトルの研修を、よく我が社の人事も選定したものです」

――わっはっは。

「先生、まさか、最後までずっとそうやって笑ってるつもりじゃ」

――それなら、まさに『爆笑』じゃな。さあさあ、おぬしも一緒に。わっはっはっは。

「いやだ、そんな研修は‼」

――そうか。ちなみにおぬしはビートルズを知ってるのかな。

「学生の頃聴いてた時期もあったんですけど、最近はすっかり遠ざかってますね。しかし先生、そもそもビートルズがサラリーマンにとって本当に研修材料になるんでしょうか」

――『サラリーマンのためのビートルズ講座』。このわしの研修コースはな、ビートルズからサラリーマンへのメッセージ、これをじっくりと説明していくものじゃ。

「ビートルズからサラリーマンへのメッセージ、ですか」

――さよう。一見、ビートルズとサラリーマンは全くの対極に位置するもの、例えるならかぶとむしと働きアリほどの違いがあると思われておる。

「すごい例え方ですね」

――ビートルだけにね。うまいな、なかなか。

「自画自賛しないでください」

――ビートルズ自身、会社生活を嫌悪するような発言を何度もしておるしな。しかしだ。現代のサラリーマンに求められること、実はこれこそビートルズの活動の中に隠されておるんじゃ。

「サラリーマンに求められることがビートルズの活動の中に」

――サラリーマンにとって、ビートルズは無関係で遠い存在というのではなく、反対にだな、数多くの有効なメッセージを持った、生きた教材なんじゃよ。

「ビートルズから人生を学んだ、なんて話も、たまに聞きますけどね。サラリーマンへの教材ともなるんですか」

――巷に溢れるビジネス書を読んで『できる』サラリーマンを目指すぐらいなら、ビートルズの曲を聴いて彼らの足跡をたどるほうが、よほどわかりやすくて効果的なんじゃ。

「なるほどねえ」

――上司は鬼にならねばならぬって言われてもなあ。

「そんな題名のビジネス書、ありますね」

――節分（せつぶん）じゃないんだからな。

「素直な突っ込みはやめましょうよ」

――鬼になった途端、部下に豆まかれてオフィスから追い出されたりしてね。『あっ、鬼だ、鬼だ！　みんなで退治しちまおうぜ！』。

「上司いじめかよ！」

――こんな本もあったな。『これがリーダーの鉄則』。

「ありましたっけ、そんなの」

鉄則は『数I』だけにしてほしいよね。

「高校生の参考書か！」

『試験に出る顧客志向』って本まであった。

「ないでしょ、そんな本は！」

略して『出る単』。

「『単』はどこから来てるんですか、『単』は！」

ともかくそんな本に頼るくらいならな、わしの講義を聴くほうがよほどためになる。

では前置きはこの程度にして、と。時間もないから、早速始めるとするか。

「もうですか。研修は丸々二日もありますよ」

――まず、今日一日と明日の午前中までを使って、ビートルズがいったい何者で、何をやった連中なのかについてじっくり講義していく。ここにある、わしが持ってきた数々の貴重なグッズ。これを見せながら進めていくよ。

と言いながら、先生は大きな麻袋を重そうに持ち上げて見せた。

「なるほど、そりゃ楽しそうだ」

——そしてその途中でじゃ、ビートルズからサラリーマン諸君へのメッセージ、いわば彼らの行動から学び取れる教訓を逐一紹介していく。これは必ずメモするように。

「教訓ですか」

——それから明日の午後、一通り講義が終わった後じゃ、締めくくりとして、そこまでに学んだビートルズからのメッセージを踏まえ、参加者みんなで自由に討論する。フリーディスカッションって奴じゃな。

「でも参加者みんなでって、僕だけじゃないですか、生徒は」

——そうか、君だけか。フリーディスカッションなんて言わんでも、いつでも君はフリーじゃな。わっはっはっは。

「せ、先生！」

――ま、ともかくじゃ。ビートルズは約十年というその活動期間の中で、あらゆることを体験しておる。そこには彼らの大成功の理由がいくつも隠されている。それこそが現代のサラリーマンにとっての教訓と言えるものなんじゃ。

「ビートルズの成功の理由からサラリーマンが学び取るってことか」

――では、早速始めるぞ。

「先生、もう一つだけ質問。この研修コース名の中の『爆笑』ってのは？」

――何事も、笑いながらのほうがよく捗《はかど》るし、身に付くんじゃよ。

「そうなんですかね」

――わっはっはっは。

「ではとにかく、よろしくお願いします」

◆一時間目「一九四〇年～一九五九年　リバプール」

――まずは、基本中の基本から始めようかな。

「はい」

先生は持ってきた袋の中をガサガサと探し、初期のビートルズの写真を取り出した。

――この子たちじゃ、ビートルズは。

「この子たちって、そんな教え子みたいに」

――ビートルズ。これは四人組のロックグループ、まあ、いわゆるロックンロールだけでなく、バラエティに富んだ曲を作ってるんだが、とにかく音楽をやってた連中じゃ。

「ええ」

――彼らは一九六二年、昭和三七年にレコードデビューし、一九七〇年、昭和四五年に解散した。活動期間が一九六〇年代にほぼ一致することもあり、六〇年代の代名詞としてよく使われている。

「そうですよね」

――また、デビューの一九六二年から一九六六年を活動前期、一九六七年から解散の一九七〇年までを活動後期、とする表現がよく使われる。わしの講義でも前期だとか後期だとかの表現が頻繁に出てくるが、この捉え方を基本としてくれたまえ。

「はい」

――さて、メンバーはこの写真で左から、リズムギター担当のジョンレノン、ベースギター担当のポールマッカートニー、リードギター担当のジョージハリスン、それからドラムス担当のリンゴスターの四人じゃ。

「みんないつ頃生まれたんですかね、そもそも」

――昭和でいうならば、最年長者のリンゴ及び数ヶ月遅れのジョンが昭和一五年生まれ。ポールは昭和一七年、一番年下のジョージが昭和一八年じゃ。彼らの出身地イギリスは、当時ヒトラー率いるドイツの攻勢に苦しんでいた頃でな、例えばジョンは、ドイツ軍の空襲の最中に生まれたと言われておる。

「そうなんですか」

——早速ここで資料その一。これがその空襲の時に使われたドイツ軍の爆弾の破片じゃ。

と言って、袋の中からちっちゃな金属の塊を机にボンと出した。

「本物ですか、それ」

——ジョンが生まれた病院のそばで見つかった貴重なやつじゃよ。

「うそっぽいなあ、なんだか」

——四人ともイギリスのリバプールという港町出身じゃ。これがビートルズの誕生に大きな意味を持つことになる。

「港町ってことがですか」

——当時貿易港として栄えていたリバプールには、アメリカをはじめ世界中から船でいろんなものが運ばれてきた。ロンドンなんかより簡単に手に入るものも多かったそうじゃ。

「へえ、楽器やらが入ってきたとか」

——そうじゃない。実はな、船から溢れんほどのフルーツが毎日一杯運ばれてきてな。

「フルーツ！」

——リバプールの若者は南の国からのフルーツに囲まれて、それはもう末永く幸せに過ごしましたとさって、そうじゃないだろ。

「やめてください、一人ボケ、一人突っ込みは！」

——フルーツがビートルズ誕生とどう関係あるんだい、ええ!?　リンゴだけにフルーツってか!!

「やめなさいよ、一人で興奮するのは！　南国のフルーツじゃなくて、ほんとは何だったんですか」

——レコードだな。ブルースとか黒人音楽を中心としたアメリカ産のレコードが一杯、しかも早く手に入ったんじゃよ。

「なるほど」

——ロンドンなんかではなかなか入手できないような売れてないレコードもリバプールで

は手に入れることができてな。ビートルズの面々は子供の頃からそういった音楽を聴きまくり、体に染み込ませていったんじゃ。

「アメリカの音楽に囲まれながらみんな育っていったんですね」

――そもそもだな、『港町リバプール出身』っていう響きだけで、何か訳もなくかっこよくないかね。

「確かにそうですね」

――これが例えば当時ライバル視されていたローリングストーンズは、残念ながらロンドン出身。

「十分かっこいいじゃないですか」

――……首都なんだよね。

「いいでしょ、別に！」

――冗談はさておき。港町という、リバプールのいわば特殊な環境、これを最大限利用して育っていったビートルズのメンバーたち。早速ここにサラリーマンへのメッセージが転がっているぞ。おわかりかな。

「そうですか？」

――メッセージその一　会社、自宅の周囲の環境を、存分に生かすこと。

「先生、意味が今ひとつわかりづらいですけど」

――一発目のメッセージにしてはやや抽象的だったかな。つまり、オフィス、自宅がどんな環境下にあるのか。それを周囲と比較して、自分の優位な点を見逃すなってことだよ。」

「はあ」

――会社そばに本屋さんがあったら、頻繁に顔出して情報収集するとか、幼い子供がいる家族が近所に住んでたら彼らの今のブームは何かチェックするとか、オフィスがビルの最上階にあったら毎朝階段上って体を鍛えるとか。

「なるほど」

――自分がいかに恵まれた環境にいるか。それを自覚していない人間が多い。メリットが生かせるかどうかは人次第。ビートルズはちゃんと自分たちの環境を利用したんじゃ。

「いや、よくわかります。ところで四人は幼馴染だったんですか」

——時期的に考えれば、最初に出会ったのはポールとジョージかな。同じ中学校の先輩後輩だった二人だが、家が近かったせいで、バス通学の途中で知り合った。通勤客で混雑するバスの中に、二人は毎朝強引にギターを持ち込んでは弾き語りをしてたそうじゃよ。

「ほんとですか」

——『わたしたち、流してまーす』

「竹中直人と高橋幸宏かよ！」

——そして、ジョンとポールが出会うのは一九五七年七月六日。ビートルズの歴史はこの日に始まると言えよう。

「一九五七年ですか。二人は一七とか一五とかそんな年齢ですね」

——近所の教会で行われたガーデンパーティで、ジョンが自分のバンドを率いて演奏しているところへ、共通の友人を介してポールが見学にきた。楽屋裏でポールがジョンにギターと歌を披露し、ジョンがいちころって訳じゃ。

「へえ」

――それからしばらくして、ジョンはポールを自分のバンドに加える決心をした。ジョンとすればポールに主役の座を奪われる可能性も十分にあった。でも結局奴はグループを強化する道を選んだんじゃ。大正解じゃ、ジョンよ！　**メッセージその二　仕事となったら個人的な感情は捨て、スタッフ各自がどういう能力を持っているか把握し、それを組織力強化に繋げること。**

「すかしてる後輩がいても、仕事ができるやつなら毛嫌いせずに、徹底的に能力発揮してもらうってことだな」

――ちなみにこの二人が出会った日、一九五七年七月六日。これは毎年期末試験に出るからしっかり覚えておくように。

「期末試験って、先生」

――『ジョンとポールが出会ったら、ひどく困難な（一九五七）道のりも明日なろ（七六）』と覚えれば簡単じゃ。

「年号語呂合わせかよ！」

——ジョンとポールが会ってしばらくして、ポールがジョージを連れてきた。ジョージはジョンの三歳年下じゃ。そのころの年頃じゃ、一年違うだけで大人と子供だからな。ジョンにはジョージがほんとにひよっこに見えたことだろうよ。

「子供の頃は学年一年違うだけで、完全に奴隷状態ですからね」

——しかしジョンはジョージのギターテクニックを見逃さなかった。すぐにメンバーに加えたんじゃ。ジョージ加入に関し、**メッセージその三　年少者で経験が浅い人間でも、自分にないものを持っている。上司はそれを見逃さないこと。**

「最近の後輩には優秀な奴が多いです」

——ジョン、ポール、ジョージは他のメンバーの変更を重ねながら、リバプールで少しずつ経験を積んでいったよ。

「下積み開始か」

——一九六〇年、彼らに最初の転機が訪れる。ドイツのハンブルグへの演奏巡業の話が舞い込んできたんじゃ。

「ドイツですか」

——そうじゃ。（おもむろに世界地図を取り出し）地図でいうと、ほれ、リバプールがここ、ハンブルグがここじゃ。

「へえ、結構北のほうにあるんですねえ」

——ちなみに日本はここ。

「知ってますよ」

——これが赤道。

「地理の時間か！」

——このハンブルグ巡業をメジャーになれるチャンスと捉えた彼らは、固定メンバーがいなかったドラムス担当に、ピートベストという知人を誘い込み、未知の世界、ドイツに足を踏み入れたというわけじゃ。

「ふむふむ」

——そして、まさにこの頃かな、グループ名をビートルズとしたのは。

「誰が考えたんですか、この有名な名前を」

——この頃には、ジョンが美術学校で知りあったスチュワートサトクリフというハンサムな友人もグループのメンバーに加わっていた。

「スチュワートですか」

——グループ名を考えたのは、ジョンとスチュと言われておるよ。ある映画に出てきた暴走族のチーム名からとったとか、彼らが大ファンだった米国のシンガー、バディホリーアンドクリケッツ、のクリケッツ、これはこおろぎのことじゃが、これを真似したとか、リンゴがカブトムシ好きだったとかいろんな説があるが、はっきりしたものはない。

「最後の説はうそですね」

——さあ、いよいよじゃ。ビートルズの時代、一九六〇年代が始まるぞ。

余談その① ミミ叔母さん

ジョンの幼少時代の有名なエピソードを一つ。ジョンの育ての親であるミミ叔母さんは、ある時ジョンが描いたイラストや文章を全部捨て去ってしまう。それに対しジョンはこう言い放つ。「そんなことして、将来きっと後悔するよ」。

自分が作成した書類を捨てられて、自信満々にこの同じセリフが言える会社員は果たしてどれくらいいるだろうか。「えっ？　捨てちゃったの、あれ。あ、いいよ、いいよ、どうせもう見ないしさ。キャビネット整理しろって部長もうるさいしね」なんて答えて、破棄してしまった後輩女性を許してしまう輩も多いはずだ。自分が作った書類に対しては、やはりそれなりの自負を持ちたいものである。少年ジョンのように。

さて、ジョンのこのかっこいいエピソード。ここからは才能溢れる少年ジョンの姿だけでなく、ミミ叔母さんこそがジョンを育て上げたという紛れもない事実も伝わってくる。ビートルズファン、いや、全ての音楽ファンは決してこのおばちゃんの名前を忘れてはならないのである。

◆二時間目「一九六〇年〜一九六二年 ハンブルグ、レコードデビュー」

——一九六〇年代に突入。まずはハンブルグでの修行時代の話からじゃな。

「確か、ストリップ小屋や怪しげなクラブで、毎晩演奏を繰り返したんですよね」

——そうじゃ、毎日明け方まで延々とな。このハンブルグで彼らの演奏技術は一気に成長していったぞ。

「毎日それだけ演奏してるんですからね」

——早速ここでメッセージが聞こえてくるぞ。ビートルズは劣悪な環境だろうと、朝までだろうと、ちゃんと仕事をこなした。それが後の成功に繋がったのじゃ。

「ま、下積みは大切だと」

——メッセージその四 新入社員諸君、入社前に想像していた姿と違っても

腐らぬこと。子会社に出向させられても、最低の上司の下に配属されても、入社三ヶ月で投げだしたりしないように。そこでの経験はいつか必ず活きる。

「私も入社後、即出向させられて同期にいじめられましたから、よくわかります、この気持ち」

――何事も最初からうまくいくわけがないぞ。

「そうですね」

――このハンブルグ巡業を何度かこなし、地元リバプールでも彼らは徐々に有名になっていく。リバプールではキャバーンクラブっていうライブハウスで主に演奏してな。

「キャバーンクラブ」

――はいここでまた貴重な資料。これがまた石なんだけどさ、何だと思うかね。

「さあ、どうせまた偽ものでしょ」

――ばかを言っちゃいかん。これはな、驚くなかれ、当時のキャバーンクラブを形成していたレンガの一つなんじゃ。

「レンガ?」

——このキャバーンは一九七〇年代にいったん壊されてしまったんだが、そのときにレンガ、つまり壁の一部が保存されたんじゃ。その一つがこれじゃ。ほれみろ、ちゃんとビートルズシネクラブの承認番号がここに入っておる。

「ほんとに本物なんでしょうねえ」

——これはほんと、これは。

「『これは』って、やっぱさっきは偽ものか」

——ほれ、このレンガにこうやって耳をあててみるんじゃ。今でも聴こえてくるぞ、ビートルズの演奏が(レンガを耳にあてながら、満足げに目を閉じる先生)。

「貝殻じゃないんだから」

——このキャバーンでリバプールファンを一気につかんでいったわけじゃな。そして、いよいよ彼らは後にマネージャーとなるブライアンエプスタインに見出されることになる。

「へえ」

――キャバーンでの演奏を見てビートルズの才能に気づいたブライアンは、メンバーに『君たちにはマネージャーが必要だと思うんだが』と提案し、自らその座につくんじゃ。

「そもそも何をしてたんですか、そのブライアンという人物は」

――ブライアンはレコード店の経営者だった。ビートルズのメンバーはその店の常連でな。彼らはレコードは買わず、毎日試聴コーナーに延々と入り浸っていた、なんて噂も残っている。

「そうなんですか」

――単なるやな客だよな。

「確かに」

――デパートの地下スーパーで、試食コーナーに『ああ、腹減った。さて今日は何があるのかな』と言って毎日現れるいやな客みたいなもんだよ。

「変な例えしますね」

――そしていつもつまみ食いされてる屋台のおばさんがいきなり『どうだろう。君に必要なのはマネージャーだと思うんだけど』ってその客に話しかける。

「そんなバカな」

——ブライアンに見出されたビートルズ、これが一九六一年じゃな。これ以降、彼らは辣腕マネージャー、ブライアンエプスタインのもと、レコードデビューの機会を探し始める。ブライアンは、しっかりスーツを着せて、演奏中は飲食しない、曲目も事前に決める、曲が終わったらちゃんとお辞儀をする、まあ、礼儀じゃ、これを彼らに教えていった。

「なるほどねえ」

——この頃にはスチュワートが既にグループから抜けていて、メンバーはジョン、ポール、ジョージ、そしてピートの四人になっていた。ブライアンは、レコード契約にこぎつけようと、ロンドンの主要レコード会社を訪問したのじゃが。

「いくつものレコード会社に蹴られたんですよね」

——そうじゃ。しかし、蹴るか、あのビートルズを。いくらピートベストがドラマーだったからとはいえ。

「そうですねえ。全くみんな何考えてたんでしょうか」

――あほだ、あほ!! どこ見てんだいったい!!

「まあまあ」

――落とされた先、例えばデッカレコードでのオーディションはテープにも残ってるんだが、オリジナル曲もやってるし、決して悪い演奏じゃない。どう、一曲聴く?

「聴きましょうよ、是非」

――ではオーディションの中から、彼らのオリジナル曲、『ハローリトルガール』じゃ。

先生はパディスコのラジカセを取り出し、マクセルUDIのカセットテープを入れた。ジョンの声が流れてくる。コーラスも後のビートルズを充分ほうふつとさせる。

「いい感じじゃないですか、これ」

――このときのデッカ側の拒否理由がまたすごい。『もうギターグループは時代遅れです』

「へえ」

――『これからは絶対演歌です』

「んなバカな」

――『わかりますか、ミスターエプスタイン』

「やめろ！」

――しかしギターグループはもう流行んないって、ほんとにバカな担当者をおいていたもんだよ、デッカも。

「全く時代を読み違えてますよね」

――ドラムグループでも流行ると思ってたのか。メンバー三人がドラム。一人が寂しく後ろでギター弾いてるっていう。

「やなバンドですね、そりゃ」

――このデッカの世紀の判断ミスからのメッセージ。**メッセージその五　新しいものに対する判断は、固まった考えで安易に行わないこと。**

「柔軟に考えてこそ、新しいアイデアの良さがわかるってことか」

――こんな調子でレコード会社から拒否の回答が続いたんじゃが、ブライアンはあきらめ

郵便はがき

恐縮ですが
切手を貼っ
てお出しく
ださい

160-0022

東京都新宿区
新宿1－10－1
(株) 文芸社
ご愛読者カード係行

書名			
お買上 書店名	都道府県　　市区郡　　書店		
ふりがな お名前		大正 昭和 平成　年生　歳	
ふりがな ご住所	□□□-□□□□	性別 男・女	
お電話 番号	(書籍ご注文の際に必要です)	ご職業	
お買い求めの動機 1. 書店店頭で見て　2. 小社の目録を見て　3. 人にすすめられて 4. 新聞広告、雑誌記事、書評を見て(新聞、雑誌名　　　)			
上の質問に1.と答えられた方の直接的な動機 1. タイトル　2. 著者　3. 目次　4. カバーデザイン　5. 帯　6. その他(　　)			
ご購読新聞　　新聞	ご購読雑誌		

文芸社の本をお買い求めいただき誠にありがとうございます。
この愛読者カードは今後の小社出版の企画およびイベント等の資料として役立たせていただきます。

本書についてのご意見、ご感想をお聞かせください。 ① 内容について
② カバー、タイトルについて
今後、とりあげてほしいテーマを掲げてください。
最近読んでおもしろかった本と、その理由をお聞かせください。
ご自分の研究成果やお考えを出版してみたいというお気持ちはありますか。 ある　ない　内容・テーマ（　　）
「ある」場合、小社から出版のご案内を希望されますか。 する　しない

ご協力ありがとうございました。

〈ブックサービスのご案内〉

小社書籍の直接販売を料金着払いの宅急便サービスにて承っております。ご購入希望がございましたら下の欄に書名と冊数をお書きの上ご返送ください。（送料１回210円）

ご注文書名	冊数	ご注文書名	冊数
	冊		冊
	冊		冊

ることなく、どんな小さな可能性にも飛びつき、何とか契約にこぎつけようとした。

「よほど自信があったんですね」

――そしてビートルズの面々も決してくさったり、自暴自棄になったりしなかった。ブライアンから『今回も駄目だった』というニュースを聞くたびに、謙虚に自分たちの音楽を分析して、何が足りないのか真剣に考えたそうじゃ。

「ひょっとしてメッセージその六ですか」

――メッセージその六　失敗から学べるかどうかで、人生は大きく違うものになる。

「うーん、簡単そうでなかなか難しいですよね、失敗をその後に活かすってのは」

――オーディションを落ちまくったビートルズだったが、一九六二年五月、大手ＥＭＩレコード傘下のパーロフォンレーベルのプロデューサー、ジョージマーティンと遂に幸運な出会いをすることになる。

「彼にその才能を気づいてもらうのか」

——オーディションテープを聴き興味を持ったジョージマーティンは、ビートルズをスタジオに招待した。最初ビートルズの面々は演奏する以外は妙に黙りこくっていたらしい。

「緊張してたんでしょうかね」

——なかなか自分たちをさらけださないビートルズに対し、ジョージマーティンは『どうしたんだ。何か気に入らないことがあったら言ってくれよ』って聞いた。するとジョージハリスンがすかさず。

「すかさず」

——『あなたのファーストネームは僕と同じで少し紛らわしいですね』って。

「言うか、そんなことを！」

——何だっけ。『あなたのはいてるパンツの柄が気に入らないな』だっけか。

「なんでパンツの柄がわかるんですか！　ジョージマーティンはスタジオでパンツ一丁だったんですか！」

——そうだネクタイだ、ネクタイ！　『あなたのネクタイが気に入らないな』ってやつだ。

その一言で、お互いに一気に打ち解けたんだな。ジョージのユーモアのセンスの高さは素晴らしいよ。まだ十代のチンピラなのに。

「そうですよね」

――このパンツ、ネクタイのやりとりにも、メッセージがある。

「だからパンツは関係ないでしょ」

――メッセージその七　ジョークを有効に活用すること。特に初対面の人に対しては、ジョークがその場で言えるかどうかで、印象が大きく変わる。

「毎日の仕事でもユーモアは必須です」

――この最初の面会で、ジョージマーティンは、ビートルズの音楽はともかく、そのキャラクターに完全に魅せられてしまった。最終的に契約GO、レコードデビューが正式に決まったという訳じゃ。

「とうとうですね」

――ところで、このレコードデビュー直前の頃、ビートルズは一つの決断をする。それまでドラムス担当だったピートベストを突然解雇し、ライバルバンドにいたリンゴスターを迎えるんじゃ。

「理由は何だったんでしょう」

——ピートのドラムの技量が低かったせいもあろう。しかし決定的だったのは、三人とノリがあわなかったんだろうな。

「ノリがねえ」

——ピートは物静かな奴で、わいわい騒いだり、辛らつなジョークを言うタイプじゃなかった。ある意味、グループでは浮いていたんじゃよ。

「なるほど」

——ハンブルグの頃から、メンバーはリンゴのことをよく知っていた。リンゴはその技量はもちろん、性格的にもぴったりだってことが、みんなにはわかっておったんじゃな。

「そのほうがグループにも絶対にプラスだと」

——さよう。ピート解雇に絡んで、メッセージを授けよう。

メッセージその八　ある

『人』が原因で組織の機能が損なわれているのなら、上司は迷わずその『人』を入れ替えること。組織にとってのみならず、その『人』のためである。

「異動させるってことですか」

——どんなポジションでも、そこで力を発揮できるタイプの人間をちゃんと見極めて任命することが大切じゃ。

「リンゴが最後の最後で加わって、遂に四人の組み合わせが誕生するわけですね」

——その加入のタイミングから、リンゴを『遅れてきたビートル』なんて表現する場合もある。

「なるほどね」

——或いは『遅刻してきたビートル』。

「学校か！」

——ピートベストのことは『早退したビートル』。

「言わないでしょ、そんな風には！」

――さて、リンゴが加入していよいよデビュー曲のレコーディングじゃ。曲はオリジナル曲の『ラブミードゥ』。一九六二年一〇月五日発売。ただ残念ながらリンゴはこの時はドラムを叩かせてもらえなかった。

「なぜですか」

――彼のドラミングにジョージマーティンからクレームがあってな。結局スタジオミュージシャンが演奏したんじゃ。

「そりゃリンゴもショックだったでしょうね」

――リンゴは後に『この恨みは一生忘れないよ、マーティンさん。夜道に気をつけな』って繰り返しコメントしておる。

「脅迫かよ！」

――大切なレコードデビューの日付じゃ。こんなリンゴの騒動を踏まえて、『リンゴも一苦労(一九六二)。二転(二一〇)してからデビューへGO(五)』と日付は覚えよう。

「ばらばらで、何がなんだか全くわかりませんよ、そんな語呂じゃあ！」

——遂に発表されたデビュー曲の『ラブミードゥ』。これが新人としてはまずまずのヒット。全てがここからスタートじゃ。ではここで聴いてみようか、その『ラブミードゥ』、ではなくてB面の『PSアイラブユー』を。ではどうぞ。

「B面かよ!!」

余談その② 人事異動

私の先輩で、社内人事異動の時期になると、普段とは見違えるように生き生きとする人がいる。どこからともなくその情報を入手しては、「そうか、そうきたか」などと一人優越感に浸っている。この先輩の口癖はこう。「いいか、会社なんてのはな、異動がないとやってられねえんだよ」。あんたにとって異動は酒か、と思わず突っ込みたくなるような先輩だが、この気持ち、最近私も少しはわかるようになってきた。

人事異動。これによって会社は確実に変わる。いい方向か、悪い方向かはともかく、人事異動は社内活性化の一つの方策であることは間違いない。確かにこれがないと、会社はやってられない。デビュー直前にビートルズを突然解雇されるピートベスト、反対に突然グループ加入を打診されたリンゴスター、この出来事は二人の生涯にとって、またリバプール音楽シーンの歴史にとって、最大の人事異動であった。

◆休憩室「なぜビートルズがあそこまで成功できたか」

――さて、遂にレコードデビューした訳じゃが。デビュー以降の旋風に入る前に、ちょっと休憩じゃ。ここで、ビートルズの基本事項を再確認しておこうか。

「基本事項ですか」

――キーワードは、『なぜビートルズがあそこまで成功できたか』。言い換えるなら、六〇年代初頭に雨後のたけのこのように誕生したイギリスの音楽グループの中で、なぜビートルズだけが別格の成功を収めることができたのか。

「ローリングストーンズやら、フーも、ファンは多いですよ。彼らも十分成功を収めてると言えるんじゃないでしょうかね」

――おいおい、よしてくれよ。全く違うぜ、ビートルズは。他のグループと一緒にするなっていうんじゃ。

「は、はあ」

――ま、フーの『マイジェネレーション』は別だけど。あれはいつ聴いてもしびれるね。

「好きなんじゃん！」

――ストーンズの『ベガーズバンケット』。あれは間違いなく六〇年代のロックを代表する傑作アルバムだな。

「ビートルズよりすごいんじゃないのか、それじゃあ！」

――『夜をぶっとばせ』、『ジャンピングジャックフラッシュ』くー、かっこよすぎる。

「せ、先生、ビートルズ講座ですよね、これは」

――すまん、すまん。ストーンズのことをほめられるのは全講義中、今しかないんじゃ。

「そういう問題かよ！」

——ともかく。ビートルズの桁違いの成功の理由じゃ。

「うーん、理由ですか。やっぱり曲の出来に尽きるんじゃないでしょうか」

——甘いな、甘いよ、若いの！　曲が素晴らしい。これは誰もが指摘しては論評してる当たり前のことじゃ。そんなのはロッキンオンやら杉真理君にでも任せとけばよろしい。

「ロッキンオン…」

——ビートルズの成功の理由、まずはだな、ルックスが四人ともすばらしいってことじゃ。

「そういう次元のことですか」

——顔がいいんだよ、顔が！

「さ、叫ばないでください」

先生は改めてビートルズの四人の写真を取り出す。

——見ろ。ジョン、ポール、ジョージ、リンゴ、全員がかっこいい。普通は一人か二人は不細工なやつがいるもんじゃ。

「なるほどねえ」

――いくらロックグループといっても、成功のためにはまずはルックスが重要なんじゃ。ビートルズは奇跡的に、メンバー全員がかっこよかった。

「そうですね」

――例えば常にライバル視されたローリングストーンズにしてもビルワイマンのルックスは頂けない。

と言いながら、今度は初期のストーンズの写真を取り出す。

「そうでしょうかね」

――フーもそう。ギターを弾くピートタウンゼントは異様にかっこいいんだけど、いかんせんどんぐり顔。

「どんぐりか！」

――キンクスも同様。曲は最高なのだが、なぜか顔が少しとかげに似てる。

「メンバー聞いたら怒るぞ！」

――見た目だけじゃいかんし、見た目で判断してしまうのはもちろんまずい。ただな、見た目は決して軽視しちゃならんってことなんじゃ。**メッセージその九　サラリーマンもまずは見た目。しっかりスーツを着こなすことが大切。**

「見た目がだらしないサラリーマンじゃ、信用もないですけどね、確かに」

――見た目といえばビートルズの場合、ポールが左利き、これがまたかっこよかった。

「そうですよね」

――三人がステージに立つとバランスが完璧じゃ。ポールがベースを普通とは逆向きに持つからな。ジョンとポール、或いはポールとジョージ。ギター弾きながらマイク分けあって歌う姿は最高じゃ。

「そうですねえ」

――これがストーンズはビルワイマンが残念ながら右利き。

「また彼を責めるのか!!」

――たまにジョン、ポール、ジョージの三人で一つのマイクを分けあったりもした。これまた実にかっこよかった。

と言って、「ディスボーイ」をステージで歌う一九六四年頃のビートルズの写真を出す。

「うーん、確かにかっこいいですねえ」

——そこに調子に乗ってリンゴまで前にでて来ようとしてどつかれる、なんてこともあったっけな。どつかれたリンゴは笑顔で自分の顔を指差しながら、『お呼びでない？　お呼びでない』ってね。

「ないよ、そんなことは!!」

——それからさ、前の三人の身長が一八〇センチくらいでみんな揃ってるってのもまたすごいんだな、これが。

「後ろのリンゴがちょっとちっちゃいんですよね。そのバランスがいいですね」

——さよう。これがもしリンゴが身長一九〇センチくらいでだな、他の三人が一五〇センチ程度のちび軍団だったら、決してブレークしなかったはずじゃ。

「例えが大げさだろ！」

――『巨人ドラマー現る!』

「ふざけるな!」

――基本的なパターンは、ジョンが向かって右側に一人でデンと立ち、そこにマイク一個。左側にポールとジョージが二人立ち、マイクを分け合う。三人はほぼ同じ身長。そしてポールが左利き。ステージ上の彼らは全体の絵のバランスがとれ、実にかっこよかったよ。

メッセージその一〇　バランス感覚を忘れずに仕事を進めること。

「偏った重心でいつも物事を考えてしまう人もいます」

――マイク分け合いながら一緒に歌う。コーラスじゃな。違うパートをそれぞれ歌って、絶妙なハモリを見せる。これこそがまさにビートルズの真骨頂じゃ。

「歌うまいですもんねえ。あのハモリはつい真似したくなります」

――これも成功の要素の一つじゃ。ハモることがいかに効果的か。**メッセージその一一　二人でプレゼンする際、場面場面で同時に発声してみてもよい。『本件実施により、対前年比(せーの)二〇%の売上増が見込まれます』(『二〇%の売上**

増』というところを二人で声を揃える。このとき互いに声の高さを変えると更に効果的）。

「そんなこと現実にやったら殴られるだけじゃ……」

――おぬしが今指摘した、ビートルズは歌がうまいってこと。これは決してハモリが全てではない。

「と言うと」

――彼らはそもそも声がよかった。わしは常々思うんじゃが、ビートルズの最強の楽器、それは『声』じゃ。バックの演奏がなくとも、彼らの曲は声だけで十分いけた。それに大きな声ではっきり歌っていたな。

「四人とも個性的ないい声です。聞き取りやすいですしね」

――**メッセージその一二　いつも声は大きく、はっきりとしゃべること。**

「社会人の基本中の基本ですね。はっきりしゃべるってことは」

――それから彼らのファッションセンスにも時代を先取りしたすばらしいものがあった。

「なんといっても髪型ですよね、有名なのは」

――亀頭ヘアな。

「マッシュルームカットでしょ！」

――省エネスーツも、もとはといえば彼らだったかな、考案したのは。

「えりなしスーツでしょ、それは！　無理やりぼけないでください！」

――えりなしスーツ。これも初期のビートルズのトレードマークの一つじゃ。しょせん、えりなんか無駄なものなんじゃよ。**メッセージその一三　無駄なものは思い切って省くこと。意味のない定例ミーティングの廃止、大いに結構。**

「私の会社も無駄なものだらけですよ」

――こんな風にスーツを着るようになったのもブライアンの指示だが、全員きっちりスーツを着てステージに立つってのは、見ている方にとってもなかなか新鮮だったよ。

「そうですね」

――更に礼儀正しく、スーツの内ポケットにはみんな名刺を持ってたらしいな。

「そりゃうそでしょ」

——『リードギター担当　ジョージハリスン』、とか。

「誰に渡すんですか、その名刺を！」

——はじめまして『ドラムス及びお笑い全般担当・主任・リンゴスター』です。

「お笑い全般って！　しかも主任かよ！」

——『今後ともよろしくお願いします』

「やめろ！」

——この講義の中でもそのうちはっきりしてくるが、四人の個性がとにかく強いんじゃや、ビートルズは。普通はボーカルだけ目立って、あとは顔と名前がなかなか一致しない、ってパターンが多いのじゃが。ビートルズの場合はそれぞれ四人が違うタイプで、強烈なキャラクターを持っていた。

「簡単に言うと、どんなキャラクターだったんですか、四人は」

——ジョンはメガネかけてて、ポールはタレ目。ジョージはやせてて、リンゴはやけに鼻がでかい。

「単なる見た目だろ、それは！」

――ジョンはリーダー格でカリスマ性があった。ポールは最も世間受けするタイプで天才的なメロディーメーカー。ジョージはハンサムなリードギタリスト、最年少者でありながら、後期には東洋文化の導入に貢献した。リンゴはいわばグループの基盤、彼によってグループの結束が強まった。こんな感じかな。

「なるほど」

――ビートルズは、四人の個性が強烈で、しかもそれぞれがその個性、長所を存分に生かせる環境にあった。それが最高の『グループ』として機能した理由でもあるんじゃ。

「よくわかります」

――メッセージその一四　スタッフ各自の特徴を捉え、それが活きるポジションを見出すことこそ上司の役目。短所だけ見ては部下も組織も成長しない。

「組織にはいろんな人間がいますからね。それが適したポジションでいかに互いに機能し合うか、ですか」

――その通りじゃ。リーダーばかりいても、おとなしいやつばかりいても組織としてはうまく行かんからな。考えてもみい。もしビートルズの四人が全員ジョンだったら。

「そりゃまたすごいグループですね」

――全員丸メガネしてね。

「みんなそうかよ！」

――そんなグループじゃ、派手に喧嘩して一日で解散しそうだな。全員がポールってのも困る。みんな左利きでね。

「だから困るのかよ！」

――メンバー全員ジョージ。みんなインドに行ったきり、二度と戻ってはこない。

「ふざけんな！」

――やだね、みんなリンゴなんてグループも。ステージ上、ところ狭しとみんなドラムキットを広げてドラムソロを展開。

「いい加減にしろよ！」

——冗談はともかく。異なる性格、能力のスタッフを、いかに適材適所で配置できるか。組織にとってこれが大事なんじゃ。それからな、更に付け加えると、特に重要な役割を担っていたのはリンゴじゃ。

「リンゴ」

——リンゴの存在、そして彼の狂いのないリズムは演奏の際にも、またそれ以外でも、いつもグループの基盤として欠かせないものじゃった。

「狂いのないリズム、か」

——メッセージその一五　組織には、土台になり、方向性を示す人物が必要。上司たるもの、不変な調子でぶれることなく、いつもスタッフを『鼓舞』（ドラムだけに）し、どこに向かうべきかをわかりやすく示すこと。

「私の上司はいつもぶれまくってますよ。訊くたびに違う指示がかえってきます」

——まあ、こんな感じでだな、メンバー四人、各自の個性がうまく機能したこと、これも成功の要因の一つじゃ。ルックスのことでもう一つ付け加えると。これも後から出てくると思うが、活動後期の彼らはひげは伸ばすは、メガネはかけるは、髪の毛ぼーぼーだわ、初期の頃とは見た目がえらい変わってな、それがほれ、またかっこよかったよ。見ろ、これを。

と言って、先生はビートルズのベスト盤、「赤盤（一九六二年―一九六六年）」、「青盤（一九六七年―一九七〇年）」のLPジャケットをドンと机の上に出した。

「同じ構図の写真なんですねえ。うーん確かに違うな、こりゃ」

――これなんか、せいぜい六、七年しか経っとらんのだ。信じられんだろう。

「確かに同一人物とは思えませんよねえ」

――これがもし反対にデビュー当時がひげもじゃで、後期になるとひげもそって、すっかり若返ったりするようなグループだと、訳わからなくなる。解散寸前に『さっぱりしたねえ、ぼくたち』、なんて近所のおばさんたちから褒められてね。

「そんなグループはないでしょ！」

――彼らのこの変貌ぶりも成功の重要なキーじゃ。これはもうちっと後から話そうかの。

「はい」

――おっ、もうこんな時間か。では基本のおさらいの最後に触れようか。それはな、ビートルズは歌って同時に演奏したってことじゃ。

「ま、今では当たり前ですけどね。当時は全員そういうスタイルってバンドは斬新だったんですよね」

――お笑いで言えば、ぼけとつっこみを同時にやるようなもんだからな。簡単そうで意外に難しいよ、これは。

「違うでしょ!」

――ポールはしかも左手で演奏しちゃうんだから。

「単なる左利きでしょ!」

――歌って同時に演奏。ここにも君たちへのメッセージがある。**メッセージその一六**

電話しながらメール作成、通勤途中に英会話を習う、後輩に指示しながら上

司の反応を観察する。会社人にも、真似できる場面は多い。

「うーん、強引だ」

――こんなところかな、基本事項の確認は。どうじゃ、曲の素晴らしさ云々の前に、何故ビートルズがあれだけの成功を収めたのか、他のグループとはどこが違っていたのか、いくつかの要素がわかったじゃろ。

「よくわかりました。生まれつきというか、結構偶然や奇跡的なことも重なっていますよね。顔がいいとか、身長とか、声がいいとか」

――さよう。ただ、偶然と言ったって、諸君たちにも十分真似できることばかりだぞ。

「はい」

――ではいよいよ参ろうか、ビートルズ旋風の真っ只中へと。

「お願いします」

――ここで一曲また聴いてみよう。一九六三年、イギリスにはこの曲が流れまくったんじゃ。曲はもちろんビートルズで、『シーラブズユー』。

「先生、そのＦＭのＤＪみたいな口調やめて」

◆三時間目　「一九六三年　イギリス」

――さてと、いよいよレコードデビューしてからじゃな。

「そうですね」

――『ラブミードゥ』が新人としてはまずまずのヒットとなったビートルズ。二曲目には『プリーズプリーズミー』という、これもオリジナルの曲を用意した。これは最初スローなテンポの曲でな。ジョージマーティンが『もっとテンポをあげればいい曲になるよ』とアドバイスし、それがものの見事に的中したんじゃ。

「ジョージマーティンの存在は本当に大きかったんですね」

――テンポを変えただけでヒット曲誕生。**メッセージその一七　話し方次第で印象**

は変わる。内容、与える印象を踏まえて、テンポを考えながら話すこと。

「抑揚もなくしゃべる人の話は聞いてられないですね、私は」

——この『プリーズプリーズミー』はな、チャートの捉え方で諸説あるにせよ、初のイギリスNO．1となった。ジョージマーティンはレコーディング直後に、『諸君、これは君たちにとって初のNO．1レコードになるよ』って予言してる。彼はそうやってちゃんと褒めたんだな、ビートルズが成し遂げた仕事について。

「なるほど」

——メッセージその一八　部下が何らかの成果を成し遂げたなら、躊躇せず褒めること

「褒められてうれしくない人はいません。私も部下を褒めるのが十分じゃないかも」

——この『プリーズプリーズミー』の成功をきっかけに、一九六三年はイギリスそして欧州に一気にビートルズ旋風が巻き起こっていく。あっという間のことだったな。

「デビュー以降、彼らはどんどんオリジナルの曲を作っていくんですよね」

——さよう。他のグループと決定的に違う点じゃ。まだまだカバー曲がメインっていう連中が多かったからな。ここで時間を割いてビートルズの曲について説明しようか。

「お願いします」

——ビートルズのオリジナル曲、これはジョンとポールの手によるものが大半を占める。

「ジョージの活躍は後期ですね。ジョンとポールは基本的には、二人揃って作っていったんですよね」

——特に初期の頃はな。例えばメインのフレーズはジョンが作り、まん中のパートをポールが助ける、とか。二人は常にサポートしあっておったよ。**メッセージその一九　プレゼン中、スピーカーが言葉に詰まったら、隣に座っているあなたはすぐ助け舟を出すこと。ただぼうっと聞いているだけなんてことのないように。**

「チームの意味がないですね、サポートしあわないことには」

——ジョンとポールを含め、ビートルズの面々は学校で音楽を勉強したわけじゃない。全くの我流じゃ。有名な話じゃが、彼らは楽譜を読んだり書いたりできなかった。自分たちの頭で覚えながら、曲を作っていったんじゃな。

「憧れます」

――メッセージその二〇　文章で書かれたものに頼らず、ポイントは自分で理解して、頭の中に入れておくこと。

「私も上司に突っ込まれて自分がちゃんと頭で理解してなかったことを露呈した、なんて苦い経験があります」

――当時の曲はな、大体二分から三分程度、短いものばかりじゃ。また歌詞も難解なものではなく、いたってシンプル、飾るところなど何もない、ラブソングが中心じゃった。ともかくわかりやすく、それがファンを捉えたんじゃ。

「シンプルイズベストですね」

――『プリーズプリーズミー』や『シーラブズユー』、『抱きしめたい』、初期の代表作にはいわゆる間奏がないものも多い。最初から最後まで一気に歌いきってしまうんだな。

「そう言われればそうですね。歌詞も構成も簡単だったってことか」

――メッセージその二一　交渉、報告は極力シンプルに。まわりくどく寄り道をしないこと。

「賛成。うだうだ言って結局何が言いたいのかわからん人が多すぎます」

――初期の曲の特徴、まだある。この頃の曲にはな、手拍子が入っている曲も多い。

「手拍子」

――初期に限らず、後期の曲にも何曲かあるんじゃが。『アイソーハースタンディングゼア』、『アイルゲットユー』、『抱きしめたい』。これらはみんな手拍子のおかげで、シンプルにノリがよい曲になっておる。

「なるほど」

――簡単なんだよ、音楽なんて。手を叩いて歌えば、そこから何かが生まれるんじゃ。

「そうですね」

――メッセージその二二　ただ自分の頭で考え、それを言葉でわかりやすく表現できれば、それなりの仕事はできる。便利なものに頼らず、まず『体』

を使うこと。

「今はみんなパソコン持ってますし、やたらといろんな道具に頼ってます」

――どぶ板が基本じゃ、どぶ板が。汗かかなきゃいかんぞ。それから、更に言うとな、四枚目のシングル、『シーラブズユー』。この年の代表曲と言えるが、単純なラブソングの中にあって、これは少々異彩を放っておる。

「さっきも聴いた、イエーイエーイエーってやつですよね」

――このタイトル、アイラブユーじゃないんだな、これが。ユーラブミーでもない。

「はあ」

――ヒーヒズヒムでもなければ、シーハッハーでもない。

「何言ってんですか」

――シーラブズユー。つまりは『彼女はお前が好きだってさ』ってことじゃ。

「直訳じゃん」

――バカ！　ここではだな、主役は私じゃないんだよ。彼女、そしてもう一人の男性。そこに私が加わって、それはそれは微妙な人間関係が繰り広げられとる。

「そうですか？」

――深いんだよ。『いったい彼女は誰だろう。彼って誰なの？』。

「なるほどね」

――『ねえ私って誰？』

「ボケてんのか！」

――いろいろ考えられるよ。奥行きがある歌詞だね。こんなのは書けそうでそう簡単には書けないぞ。

「確かに」

――さてと、曲についてはこのくらいかな。この『シーラブズユー』をはじめ、この年はシングルヒットを次々と出していった。更にこの年には二枚のアルバム『プリーズプリーズミー』、『ウィズザビートルズ』ってのも発売して、これまた記録的なヒットとなった。

「アルバムに関して何かメッセージはないんですか」

――あるとも。例えばデビューアルバムとなった『プリーズプリーズミー』。これには既にシングルで出した曲のAB面、計四曲も含まれていたんじゃが、それ以外の残り一〇曲をだな、驚くなかれ、なんと、たった一日で録音したんじゃや！

「一日ですか」

――そうじゃ一日だ、一日!!

「なんとまあ、効率がいいというか」

――人類史上、最も有益な一日と言えよう。

「ちょっと大げさでしょ」

――匹敵するのはアポロが月面着陸した日くらいか。

「まあまあ」

――しかしアポロはほんとに月に行ったのかなあ。

「関係ないでしょ、今は!!」

――何度も言うけど、たった一日でアルバム完成だからねえ。今のアーチストに見習って欲しいと思わんか。

「一枚に何年もかけるのが今や普通ですからね」

――ビートルズも本気出せば、一年で三六五枚もあのレベルのアルバムが出せたんだな。

「そりゃ無理じゃないですか」

――うるう年なら三六六枚。

「関係ねえだろ！」

――でも三六五枚もアルバム出してもらっても逆に困るか。聴けないよね、そんなに。

「だから想像しないでください」

――『おい知ってる？ また今日もビートルズの新作出てたぞ』『えっ？ 俺まだ昨日のやつも聴いてないのに』。

「いいかげんにしてください！」

――この速攻レコーディングに関してメッセージじゃ。**メッセージその二三 常にスピード感を持って仕事に取り組むこと。速いものが勝者となる。**

「基本ですね、仕事の」

――大事なメッセージの一つだよ。いつもけつは軽く、が仕事の基本じゃ。

「けつは軽く、か」

――それからな、アルバムジャケットもまた斬新だった。ほら見るがよい、これを。

先生は「プリーズプリーズミー」、「ウィズザビートルズ」のジャケットを取り出した。

――一枚目の『プリーズプリーズミー』。これはさっき赤盤としても見たと思うが、EMIビルから四人が下を見下ろしているやつだな。

「そうですね」

――拡大してよーく見てみると、さらに上の階から解雇されたピートベストが見下ろしているのが見える。

「背後霊かよ！」

――それからこっちの『ウィズザビートルズ』。顔の半分を影にするハーフシャドウの手法じゃ。後にいろんなバンドが真似をしたよ。例えばビートルズの上をいこうとメンバー全員の顔全部を真っ黒にしちゃったバンドがいたり。シャネルズって言うんだけどさ。

「あれは靴墨塗っただけでしょ！」

――さてと、では話題を変えて、次はこの頃のコンサート活動について少し触れようか。

「はい」

――一九六三年。この頃はイギリス国内を中心に、ライブを重ねていった。この年後半には厳重な警備をしないことには、暴動になってしまうんじゃないか、というほどファンが殺到する状況となったよ。

「フィルムでよくありますもんねえ、叫び狂っている女性ファンの姿が」

――この年から翌年にかけてのステージで、一つ有名なエピソードがある。ジョージがゼリービーンズが好きだっていう情報がある時ファンの間に広まってな、それからというもの、毎回ステージにはゼリービーンズの雨じゃ。

「ゼリービーンズ」

――ファンが一斉に投げ込むもんじゃから、演奏どころじゃない。困ったもんじゃった。

「ゼリーといってもねえ、危ないですよねえ」

――久々にここで資料じゃ。これを見るがよい。

と言って、先生は袋から小さな透明な袋を取り出した。

――ここに入っているもの、これこそは一九六三年に実際に彼らのステージに投げ込まれたゼリービーンズの一つじゃ。

「うそだあ」

――本物じゃ。わしが大事に保管しとるとはいえ、ほら、もうこんなに古びている。

「四十年近く昔ですよ。腐ってるでしょ、もう！」

――どうだろうな。

と言って、唐突に袋からそれを出し、先生はぱくりと食べてしまった。

「た、食べやがった！」

――もぐもぐ。ふむ、まだ味はあるよ。

「食うなよ！　貴重な資料なんでしょ！」

――ジョージに降りそそぐゼリービーンズ。これをうらやましがったリンゴが、『ちなみに僕はしゃぶしゃぶが好きだよ』なんて言ったから、ステージにはそのうち鍋が飛び交うようになって。

「うそつけ!」

――ゼリービーンズ騒動からのメッセージじゃ。**メッセージその二四　会社の機密事項はもちろん、社内のプライベートなことでも対外的に漏らすことは慎むこと。**

「ゼリービーンズ騒動も、プライベートな情報が漏れてしまったことが原因か」

――それからコンサートで有名になったのが、お辞儀じゃ。

「ブライアンエプスタインの指示ですね」

――一曲終わるごとに、メンバー全員、リンゴまで立ち上がってな、客に向かって深々とお辞儀をした。『ありがとう』とはっきりと意思表示したんだな。しかも九〇度に曲げるっていうお辞儀でね。日本人でもあれほど深くお辞儀はしないぞ。

「四人揃ってですからね」

――運動会の開会式で挨拶をする校長先生にお辞儀をする小学生に匹敵する、丁寧なお辞儀ぶりじゃ。

「訳のわかんない例えはやめてください」

――コンサート会場の客も思わず全員立ち上がってお辞儀してたそうだな。『いえいえこちらこそ、どういたしまして』って。

「そんな馬鹿な！」

――メッセージその二五　感謝するときは、はっきりありがとうと口に出して言うこと。

「『ありがとう』は基本ですね、人間関係の」

――ま、こんな風に一九六三年が過ぎていったわけだな。

「まさにあっという間にイギリス制覇をしたってことか」

――最後の締めが、一一月に行われた『ロイヤルバラエティショー』出演じゃ。これは英国王室主催の格式高いコンサートでな、ここへの出演は、トップランクのタレントとして公に認められることを意味する、権威あるショーだった。

「なるほど」

――さてこのステージで、ジョンが客席に向かって有名な発言をしている。

「発言？」

――この時の観客は王室メンバーをはじめ、裕福な、いわゆる体制側の人で占められておった。一方、ビートルズ、特にジョンなんかは、そうした体制への反抗心で固まった人間だからな、心の底では、お前らなんかに何がわかる、ってな気持ちだったと思うぞ。

「そうでしょうね」

――ただ、あからさまに変なことも言えないってことは賢いジョンはちゃんとわかっておる。ウィットに富むジョンはな、最後の曲『ツイストアンドシャウト』を歌う前にこう言ったんじゃ。『この曲には皆さんも協力してください。安い席に座っている人は拍手をお願いします。その他の席の人は宝石をジャラジャラ鳴らしてください』とな。

「なるほど。ある意味、強烈な皮肉ですね」

——さよう。このジョークが観客にも好意的に受け止められてな、彼らは単なるミュージシャンじゃないってことが、一晩でイギリス中に強烈に印象づけられたんじゃ。

「へえ」

——メッセージその二六　どんな地位、年齢の人に対しても、ユーモアのセンスは役に立つ。状況を自分のものにしたいときは、ユーモアのセンスをフルに発揮すること。

「さっきもありましたけど、やはりユーモアですね、必要なのは」

——この時はジョンのジョークを真に受けて、ほんとに宝石を曲にあわせてジャラジャラ鳴らそうとする金持ちの客が続出してね。自分が持ってるありったけの宝石を手にして。

「いないだろ、そんな客は！」

——会場中、ジャラジャラジャラジャラジャラ！

「そんなあほな！」

——リンゴも一緒に指輪をジャラジャラ！

「いいかげんにしなさい！」

——これでイギリスを完全制覇したビートルズ。次のターゲットはどこかわかるかね。

「いよいよアメリカですね」

——そうじゃ。アメリカは午後の講義からとするか。では午前の締めくくり、ここで一曲お聴きいただきましょう。ビートルズで『抱きしめたい』。

「だから突然そのＤＪ調になるのはやめて」

余談その③　ゼリービーンズ

二月一四日。学校だけじゃなく、会社でもこの日はチョコレートが飛び交う。ハンサムな独身社員の机には、直接持参、あるいは社内メール配達によって、この日の夕方までにチョコレートが高く積みあがる。人気がない上司の中には、義理チョコを夕方頃ようやく貰ったりすると、「あれえ、そうか、今日はバレンタインか」などと、

「俺はそんなこと全然知らなかったし、期待もしてないよ」なんて、下手な芝居をうったりする方もいる。あるいは、その貰う量も半端じゃないので、事前に「ええ、今年もそろそろバレンタインですが、はっきり言って私はチョコが嫌いです。どうせくれるならお煎餅にしてください」と、訳のわからないリクエストを堂々と朝礼でお願いしたりする常務もいる。一九六三年から六四年。降り注ぐゼリービーンズに困り果てたビートルズ。チョコはもういいよ、なんて毎年バレンタインに困惑する、人気ダントツの男性社員のような胸中だったかもしれない。または、ステージでこう叫びたかったのかも。「たまにはお煎餅を投げてよ！」って。

◆四時間目　「一九六四年　アメリカ」

――さて午後の講義開始じゃ。いよいよアメリカだな。

「そうですね」

――そもそもビートルズ以前には、アメリカで成功したイギリスのアーチストは皆無だった。そんなことは不可能だと思われておったよ。しかしヨーロッパでのビートルズ旋風が大西洋を越えて徐々にアメリカにも伝わるようになると、レコード会社やラジオ局、雑誌等のメディアもこぞってビートルズを取り上げるようになっていった。

「なるほど」

――一九六四年一月、シングル『抱きしめたい』がとうとうアメリカで初のヒットチャートNO．1に踊り出た。その直後の一九六四年二月、ビートルズは初のアメリカ訪問のため、ニューヨークに降り立つんじゃ。

「一九六四年二月ですか」

――アメリカは前年一一月のケネディ大統領暗殺の直後でな、落ち込んでいた時期でもあった。それを吹っ飛ばしたのがビートルズって訳じゃな。

「そういうタイミングで登場したんですね」

——よく言われるのが、『ケネディ暗殺がなかったらビートルズは出てこなかった』って表現じゃ。

「そうですか」

——ケネディがいる時からもう活動してたんだけどねえ、ビートルズは。

「細かいですね」

——『ニクソンじゃなかったらビートルズは解散しなかった』。

「それは聞いたことないっすよ！」

——『一九六〇年の大統領選ではケネディとニクソンはすげえ接戦だった』。

「関係ないでしょ！」

——さてビートルズ到着時のNYはジョンレノン空港。

「なんでビートルズが来る前からジョンレノン空港なんですか！」

——失礼。ジョンFケネディ空港じゃ。ビートルズの到着を見るためにそこに集まったファンはなんと数千人。イギリスでは既に空港でこんな騒ぎが起こっていたが、アメリカでは初めてだったんじゃないかな。

「ビートルズも驚いたでしょうね」

——実は空港にファンを集めるってのにも、マネージャー、ブライアンの周到な準備があってな。やつはビートルズの到着が華々しく取り上げられるように、事前にいろいろ根回ししたんじゃな。

「ブライアン、やりますねえ」

——戦略を練らないことには、いくら商品がよくとも、売れ方が違う。特に最初のインパクト、これは重要じゃ。ビートルズはアメリカにこれ以上ないインパクトを与えることができたんじゃ。**メッセージその二七　案件が大きければ大きいほど、用意周到に根回しを進め、特に最初のインパクトが派手になることを目指すこと。**

「最初のインパクトか」

——さて、空港に着いたビートルズを待ち構えていたのは、世界最強と言われたアメリカのマスコミどもじゃ。記者会見だな。しかしビートルズはやられるどころか、逆に記者連中を圧倒してしまったよ。

「しびれますね」

――到着直後にいきなり記者に『ここで歌ってください』って言われてね。

「ええ」

――すかさずジョージが『ちょっと風邪気味なんで勘弁してください』って。

「言ってないでしょ！」

――まあ、風邪ひいてたのは事実なんじゃが。

「そうですか。で、質問にはどうやって答えたんですか」

――『We need money first』ってジョンが即答。

「なるほど」

――では一曲目は『マネー』です。

「違うだろ！」

――しかし、いきなり『金が先だぜ』ってのも、露骨でなんか大川興業みたいだよね。

「ちょっと違うでしょ」

——ただ、至極まっとうな意見なんだけどな。

メッセージその二八　仕事には必ず相応の報酬をもらうこと。サービス残業を強いるなど、もってのほかである。

「言えますね。ただでやれって言われてもねえ」

——更にジョンは言った。グループの成功の秘訣を聞かれたときじゃ。『そいつがわかってたら、すぐに唄うのやめて、別のグループのマネージャーにでもなるよ』ってな。

「かっこいいですねえ」

——リンゴなんて、『そうかマネージャーか……』ってまじでつぶやいてたとか。

「ほんとかよ！」

——『野村か……』

「株のCMですか！」

——記者会見を終えて、空港からプラザホテルに向かったビートルズ。彼らは、携帯ラジオを取り出してNYでどんな曲が流れているのか、すぐにチェックし始めた。

「ラジオですか」

――メッセージその二九　他地域、他業種に進出する際は、まずは消費者の立場でそこのマーケットに流れている生の情報を収集すること。

「どんな商品が売れているか、どんな店が人気あるかを調べれば、そこの人たちのニーズがわかりますね」

――そしてこのときのアメリカ訪問のハイライト、これが人気TV番組『エドサリバンショー』への出演じゃ。

「エドサリバンショー」

――アメリカのショービジネスにおいて当時NO．1の番組じゃ。もちろん出演者は相応のランクが高い面々ばかりじゃった。

「一流の番組だったんですね」

――ブライアンはこの番組への出演交渉を最優先に進めたが、提示されたギャラはそれほどいい条件ではなかったという噂もある。しかし出演することの意義、宣伝効果やら箔がつくこと、を十分に認識しておったので、そんな条件でも呑んだんだな。

「戦略性を感じますね、ここでも」

——メッセージその三〇　目先の条件にとらわれず、長い目でその契約内容がどんな意味を持つのか考えること。

「そうですね」

——そのエドサリバンショー。司会はもちろん。

「ええ」

——桂歌丸さん。

「違うでしょ!　エドサリバンなんでしょ!」

——顔似てない?

と言って、先生はエドサリバンの写真を出す。

「似てませんよ!」

——江戸サリバン笑。

「しつこいぞ！」

——この時はみんながみんな番組を見てたらしい。若者はもちろん、普通の家庭でも。

「へえ」

——視聴率がなんでも一二〇％だったとか。

「一〇〇％超えるなよ！」

——しかもその番組放映中のニューヨークでの犯罪発生率が異様に低くてな。

「有名なエピソードですよね」

——黒幕のジョンが番組に出てりゃ、そりゃ当然か。

「ジョンが黒幕か！」

——ニューヨーク市警に怪しまれたらしいよ。

「ほんとですか？」

——『う～ん、どうもあのうしろで太鼓たたいてるやつが怪しいな』

「リンゴかよ！」

――『しかし、あの指輪の量はいったい……』

「宝石泥棒疑いですか！」

――ちなみに彼らが米国に到着した一九六四年初め、この頃にはシングル『抱きしめたい』だけじゃなく、それまでのいろんな曲が一気にアメリカでブレークしてな。ヒットチャートは一時はビートルズの曲ばかりになったよ。

「そうなんですか」

――なんでも、ビルボード誌の一位から五十位まで全部ビートルズだったとか。

「そこまで盛り上がってないでしょ！　確か一位から五位でしょ‼」

――しかし、それでもすごい。寺尾聡も真っ青だな。

「次元の違う比較はやめてください」

――さて、この訪問時には、ワシントンD.C.でもコンサートをやった。有名な四方を客席で囲まれたステージじゃ。どれちょっと見てみようか。『アイソーハースタンディングゼア』がいいかな。

「いいですねえ」

教室の隅に置いてあるTVとビデオデッキに電源を入れ、先生はテープを挿入した。

「アイソーハースタンディングゼア」を演奏するビートルズ。四人とも最高にノッている。

「ほんとに四方を客に囲まれてますねえ」

――この時は確か、正面、向こう正面、東、西って観客席が分かれててね。

「大相撲かよ！」

――しかし今じゃ考えられんぞ。マイクやドラムの向きを一曲ごとに回転してたんだ。ちゃんとファンのことを考えて。ロードマネージャーやら、メンバー自らが、曲が終わるたびにえっさえっさとな。

「原始的ですね、そりゃ」

――この四方を囲まれたステージでの演奏にちなんで、メッセージじゃ。**メッセージその三　必ず相手の目を見て話すこと。大勢を相手にする際は、定期的に視線の方向を変えて、全体を見ながら話すこと。**

「しかしまあ次から次へとよくもメッセージ見つけ出しますねえ」

――ワシントンＤ．Ｃ．ではちょっとした事件もあった。上流階級の連中ばかり出席するあるパーティに招待されたときじゃ。ここでなんとリンゴが何者かにはさみで髪の毛を切られてしまってな。

「はさみでですか。強引なことするやつもいたもんだ」

――怒ったメンバーはみんなパーティから抜け出してしまった。

「そりゃそうでしょ」

――はいまた出ました貴重な資料、これを見なさい。

と言って、また麻袋をガサガサやって、なにやら黒いものを取り出した。

「それは髪の毛じゃないですか！」

――さよう。そのとき切られたリンゴの毛じゃ。

「そんなばかな！　ま、まさか先生が切ったんですか！」

――違う違う、わしが取り返したんじゃ。

「『取り返した』って」

——早くリンゴに返さんとな。

「信じませんよ、私は」

——この髪の毛事件からのメッセージ。**メッセージその三二　何の成果も生まず、ただやってること自体にみんなが満足してるミーティングなど、『散髪の予約をしてますので』とでも説明し、途中で退席してしまおう。**

「うーん、実際は難しいですけど」

——ま、はさみだけで済んでよかったけどな、リンゴも。

「どういうことですか」

——パーティの最中にいつのまにかバリカンで全部の毛を刈り上げられたりしてね。パーティ終わったら丸坊主。

「途中で気づくだろ、そんなの!!」

——さてと、それからこの時のアメリカ訪問では、ビートルズはマイアミで世界タイトル戦前の最後の調整をしていたマイクタイソンにも会っておる。

「モハメッドアリでしょ、それは！」

——カシアスクレイか、当時はまだ。しかし象徴的だなあ、ちょうど絶頂を迎えるころのビートルズとアリが対面を果たすってのも。

「そうですよねえ」

——その頃プレスリーとソニーリストンも一緒に別の場所で会ってたらしいよね。『どうせ、俺たちの時代は終わりだよなあ』ってお互い慰めあってたとか。

「うそつけ！」

——こんな感じでアメリカに強烈なパンチをくらわして、一九六四年が始まった。この年の夏には北米全土を回る大規模なツアーを敢行、後は香港、オセアニア、欧州各国と、世界中をコンサートでまわる多忙な一年となるんじゃ。

「世界制覇ですね」

——ツアーに関してついでにいくつか説明してしまおうか。今話したとおり、彼らは現在のアーチストが普通に行っているワールドツアーの先駆者と言えよう。

「そうですよね」

――潜在力が高いと考えた市場には、どんどん進出していった。**メッセージその三三**

狭い視野にとらわれず、潜在力があると判断すれば、未開拓の市場、分野にも積極的に進出すること。

「我が社も最近中国、インドへの出張が増えてます」

――それからこんなことも。この年の初夏、オランダ、香港、オーストラリアに行く前のことじゃ。リンゴが扁桃腺を腫らしてダウンしてな、最初の何日かはリンゴ抜きでツアーしなければならなくなった。そのために、ドラマーとしてジミーニコルっていう無名のミュージシャンを臨時で雇って、彼を加えてステージに出たんじゃ。

「しかしいきなりビートルズの一員になるってのも、彼もびっくりしたでしょうねえ」

――そりゃそうじゃ。しかしジョン、ポール、ジョージはやさしく彼を迎え入れ、おかげで彼はリラックスして無事に代役を務め終えることができたんじゃな。**メッセージそ**

の三四　アルバイト、派遣社員は、会社にとって欠かせない存在。ないがしろにせず、やさしく接すること。たまには食事や飲み会にも誘うこと。

「わが社にもいっぱいいいます、派遣さんは」

――彼らのコンサートだが、これは非常にシンプルなものだった。派手な照明も、セットも、花火もなし。三〇分程度、ただ演奏するだけ。余計な演出は何もなかった。

「そんなものなくとも、十分盛り上がると」

――コンサート開始のときも、司会者によばれて、普通にステージに現れるだけじゃ。で、いきなり、客席に背を向けて、ギターをアンプに繫ぎ、サウンドチェックから始める。全く観客は無視してね。

「そりゃまたかっこいいですねえ」

――あるときなんか、そのまま一〇分くらいチェックし続けたと思ったら、それに満足してそのまま帰ったらしいね。

「演奏しねえのか！」

――調弦完了っと。

「それだけですか！」

――客はそれでも満足したらしいよ。『すげえ、この環境で調弦したぜ』って。

「できるだろ、誰でも！」

――ステージの構成は、一曲目はジョンがボーカル、ラストはポールがボーカル、大体このパターンが多かった。

「メインである二人がそれぞれ始めと終わりを務めた訳ですね」

メッセージその三五　重要なイベントの際、開会の辞、及び閉会の辞は、人選を誤ることなく、軸となる二人にやって頂くこと。

「予想外の人に『お手を拝借』と言われても、いやな感じですからね」

――もちろん、ジョージ、リンゴも一曲ずつ歌ったよ。ずっとジョンとポールだけっていうんじゃなかったな、彼らのステージは。

メッセージその三六　上司はスタッフ全員に光をあてながら、統括すること。受身なタイプに対しても、一日一回は

ちゃんと声をかけてやること。

「言えますね」

――さっきも話したが、コンサートは絶叫するファンでそれはそれはうるさかった。ポールはよく曲の前に叫んだものじゃ。『Can You Hear Me?（聞こえますか?）』ってな。

「さすが、ショーマンシップ旺盛なポール」

――メッセージその三七　しゃべる時は聴衆全員に聞こえるように話すこと。大会議場などで、人数が多いときは、必ず『後ろの人も聞こえますか』と確認したうえでスピーチを始めること。

「聴いてる人を無視して自分のペースでスピーチしちゃいけません」

――彼らはギターの一部に演奏する曲名を順番通り書いたメモを貼ってな、忘れないようにそれを見ながら演奏を進めたもんじゃ。

「メモを貼って」

――メッセージその三八　プレゼンの際には、ポイントを示すキーワードを

どこかにメモし、横道にそれたり、時間配分を間違えたりしないよう、それを見ながら進めること。

「ビートルズもメモなんてしてたんですねえ」

――そして長いトークはせず、一気にコンサートを進めていった。

「どんどん曲を演奏していったのか」

――ただビートルズのギャグセンスはすごいからな。もしステージトークをやってたら、大いに盛り上がったはずだよ。

「そうですよね」

――『どうもこんにちわあ、ビートルズでえす！　いやあ、しかし最近やな事件ばっか続きますなあ』。

「いきなり漫才調ですか！」

――『リンゴはん、そうは思わんかい？』

「ふざけんな！」

――『いやあ、私もこないだ扁桃腺切っちゃいましてね。痛いの痛くないのってどっちだよってて、思わず自分でのどに手を突っ込みたくなるような感じでしてねえ、そしたら吐いちゃいましたよ。はは』

「やめろ！」

――『つかみはＯＫ！っと』

「いいかげんにしてください！」

――マネージャーのブライアンエプスタイン、これがまたかっこよかった。ステージの下や脇でな、いつも四人の演奏を見守っておった。スーツ着て、そしてガムをかみながらな。

「子供を見つめる親みたいですね」

――たまに暇な時はガムで異様に大きな風船つくってね。演奏中のメンバーに、『こんな大きなのできたよ』、なんて笑顔で自慢げに見せたりして。

「うそつけ！」

――それを見てリンゴが悔しがったりしてね。

「やめろ！」

――もう一つ、彼らのコンサートでまた有名なこと、それはアンコールをやらなかったってことじゃ。

「それは聞いたことあります」

――最後の曲『ロングトールサリー』、或いは一九六五年以降のコンサートだと『アイムダウン』、ともにポールがシャウトする曲じゃが、これが終わると、彼らはすぐに会場を後にしたんじゃ。また戻ってくるなんてことはしなかった。

「ある意味、わかりやすいですね」

――メッセージその三九　仕事が終わったら、だらだらオフィスに残らず、すぐに家に帰ること。意味のない残業はやめよう。帰ったと見せかけて、牛丼食べてからまたオフィスに戻ってくるなど、もってのほかである。

「意味のない残業、ただ遅くまでいるだけで満足してる人も一杯います」

――さてコンサート関係はこのくらいにして、と。次、いくぞ。一九六四年、もう一つこの年で忘れちゃならんことに触れよう。それは映画じゃ。

「映画？」

――この年、彼らにとって初めての映画、『アハードデイズナイト』が撮影、全世界で公開されてな、これまた圧倒的な人気を呼んだんじゃ。

「どんな映画なんですか」

――ファンに追っかけられる彼らの生活を、ドキュメンタリーっぽく面白おかしく描いた物語じゃ。演奏シーンもふんだんに使用されている。彼らの役者としての才能を強烈に世間に見せしめたのもこの映画じゃ、特にリンゴのな。

「なるほど」

――この『アハードデイズナイト』はモノクロでね。予算がなかったというか、製作サイドからもそれだけ重視されていなかったっていうか。

「時代を感じさせますね」

――目立ちたがり屋のポールだけは金払って自分だけカラーにしてたみたいじゃがな。

「うそつけ」

――しかし、この映画の大成功でな、ちゃんと翌年の映画『ヘルプ』はカラーにしてもらえたんじゃ。

「へえ」

――メッセージその四〇　見た目にハンディがあっても、ソフトがよければ、勝負はできる。カラープリンターがなくとも不満を言わぬこと。

「私も今カラープリンター欲しいんですが。駄目ですかねえ」

――実績あげればちゃんと買ってもらえるよ。ところでこの映画のタイトル『アハードデイズナイト』、これはリンゴの一言から生まれたんじゃ。

「リンゴの一言」

――文法的に変なんだが、リンゴはある日、撮影が終わった時にポツリとこの言葉をつぶやいたそうじゃ。それがみんなの気に入るところとなって、タイトルに決定。こういうところのリンゴの才能はまたすごいんだよ。**メッセージその四一　仕事のヒントは普**

段の会話に隠されている。

「普段の会話か。そんなに実のあることを話している訳でもないんですけど」

――日本でもこの映画あたりからマスコミがビートルズを取り上げるようになった。

「いよいよ日本でも認知されはじめた訳ですね」

――日本の女性ファンの興奮ぶりは社会現象にまでなってな。有名なエピソードで、興奮したファンが映画のスクリーンに抱きついて破ってしまった、なんてのがある。

「すごいですね、そりゃ」

――スクリーンって案外簡単に破れるものなんだな。

「そんな感想持ってどうするんですか！」

――ちなみにこのときの破られたスクリーン、その一部がこれじゃ。

先生は麻袋の中を探して、カーテンのような白いきれを引っ張り出した。

「出ましたね、また『○○の一部』っていううそつき資料」

――何を言うか、今度こそ本物じゃ。見てみい、ここに映画の中のワンシーン、ファンから逃げるジョンの足の部分がしっかり映っておる。

先生は白いきれの一部を指さした。そこには男性の足の部分の絵が描いてあった。

「スクリーン破って、なんで映像までくっついてくるんですか!!」

——さてと、ちょっと長くなったかな。そろそろ終わりとするか、一九六四年も。では、ここでまた一曲聴いてもらおうかな。

「何ですか、次の曲は」

——この年後半のシングルじゃ。ジョンの作品『アイフィールファイン』です。どうぞ。

余談その④　ボブディラン

一九六四年、ビートルズはアメリカでボブディランに会う。一九六二年のデビュー以降、ボブディランはメッセージ色の強い傑作アルバムを連発、その難解な歌詞を擁した作品群は、当時まだラブソングが中心だったビートルズの一歩も二歩も先を行くもので、ビートルズはメンバー全員が彼の「大ファン」であった。会社でも、他部署のスタッフの仕事ぶりに大いに感銘を受けることがある。例えばそれが同期であったりすると、これはもう、「負けてたまるか」と自分も成果を出そうと躍起になるか、あるいは「勝てるわけねえか」と落ち込んでしまうか、まあどんな反応にせよ、何らかの刺激になることは間違いない。ビートルズにとってのボブディラン。あるいはボブディランにとってのビートルズ。これは互いにとんでもない刺激となった。そしてこの刺激からこそ、互いのその後の傑作が誕生することになる。刺激を全く感じない社員ばかりの会社。これはまずい。上司の皆様、ちゃんと部下に刺激を与え続けているでしょうか。えっ、あなた自身がもう刺激を感じることないの？

◆休憩室「ビートルズによるサラリーマン応援ソング」

――さてと、あまり真面目に年代を追って講義を進めても飽きちゃうな。ここらでちょっと脱線しようか。

「いいですね」

――では、この時間はちょっと見方を変えてビートルズというものを捉えてみようかの。題して『ビートルズによるサラリーマン応援ソング』。

「なんですか、そりゃ」

――ビートルズの曲には邦題、つまり日本語でのタイトルが、当時日本の東芝レコード側によってつけられたのがいくつかある。特に初期から中期の頃の曲に目立つんじゃが。

「『抱きしめたい』、『涙の乗車券』なんてなかなかセンスいいタイトルですもんね」

――ただ、そんなに何曲もあるわけじゃなく、もちろん英語でのオリジナルタイトルだけのものが大半じゃ。それらに新たに邦題をつけようとすると、これまた結構楽しかったりする。

「そうですか」

――ここではな、それをサラリーマンの視点から見てみよう、というのがわしの狙いじゃ。

「サラリーマンの視点で」

——例えば二枚目のアルバム、『ウィズザビートルズ』に収録されている『マネー』。

「はい」

——これにサラリーマン的な邦題をつけるとすると、ズバリ『給与』。

「そういう意味じゃないでしょ！」

——いいんじゃ、少しぐらいニュアンス変わっても。

「そういうもんですか」

——一枚目のアルバム『プリーズプリーズミー』。ここに収録の『ドゥユーウォントトゥノウアシークレット？』。これなんかはこうじゃ。邦題『社外秘、知りたい？』。

「なんて曲だ」

——こんな調子で半ば強引にサラリーマンにちなんだ邦題をつけていく。この時間では、一九六四年に発売されたアルバム、『ビートルズフォーセール』を題材としよう。このアルバム収録の全曲をサラリーマンへのメッセージソングにしてみるんじゃ。

「強引に邦題をつけて」

――まず一曲目、『ノーリプライ』。ジョンの傑作じゃ。これの邦題、『門前払い』。

「交渉難航ってことですか」

――商談のため、相手先の会社に何度も訪問して担当者に会おうとするんだが、いつも居留守を使われて会ってもらえないという、悲しいサラリーマンの話。

「なるほど」

――窓からは、会いたい本人が社内にいるのが見える。

「見えるんですか」

――しかもライバル会社の担当者と手をつないで。

「歌詞そのままですね！」

――二曲目、『アイムアルーザー』。ボブディランの匂いぷんぷんのジョンの作品。これは邦題『強がり』。

「サラリーマンの悲哀をよく表してますね」

――見た目は元気だけど、実はものすごく落ち込んでるっていうサラリーマンが主役の歌。

「なるほど」

――三曲目、『ベイビーズインブラック』。日本公演でも演奏された曲。これの邦題は『お通夜』。

「やなタイトルですね」

――上司のお母様が亡くなったので、喪章をつけてみんなでお通夜の手伝いに行く、という設定。

「たまにありますからね、そういうことも」

――四曲目、これは邦題『オフィスは大騒ぎ』。

「『ロックンロールミュージック』でしょ、それは！　雰囲気だけでつけましたね！」

――すまん、ネタに詰まった。その次の曲、『アイルフォローザサン』は『徹夜明け』。

「徹夜明け？」

――徹夜残業明けで朝陽がまぶしい、それでも僕は太陽を追っかけるっていうストーリー。

「それまた強引だ」

――次、『ミスタームーンライト』。邦題『残業帰り、見上げれば空にはお月さん』。

「長いタイトルですねえ」

――その次、『カンサスシティ〜ヘイヘイヘイヘイ』。これなんかは邦題『カンサスシティに出張？　へいへい、うらやましいねえ』。

「全然違うだろ、意味が！」

――次からはB面。一曲目、アメリカでシングルカットもされた曲、『エイトデイズアウィーク』。

「また変なのが来そうだな」

――邦題『土日出勤』。

「なんとなく雰囲気はわかりますが」

――次はバディホリー作『ワーズオブラブ』。これは邦題『恋の社内メール』。

「そんなことばっかやってる社員もいます」

——一〇曲目、リンゴがボーカルの『ハニードント』。邦題『おまえ、何もすんな！』。

「おまえって誰に向かって言ってるんですか」

——できの悪い後輩の女性（あだ名：ハニー）に言ってるっていう設定。

「いませんよ、ハニーなんてあだ名の社員は！」

——次は『エブリーリトルシング』。目立たないけど結構いい曲。これは『やることなすこと』。

「どういう意味なんですか、そりゃ」

——部下のやることなすこと全てが自分のためにやってくれていると常に考えている、勘違い上司の曲。

「います、います」

——次、『アイドントウォントトゥスポイルザパーティ』、これには『パーティはそのままに』っていう洒落た邦題が既にあるんじゃが、サラリーマンらしくないので、これを変えて『俺、悪酔いしたからもう帰るわ』。

「なんだか吉幾三の曲みたいですね、それ」

――少し長いので『悪酔い』って略してもよい。

「はあ」

――次の『ホワットユーアードゥーイング』、これまた出来の悪い後輩に対し、『おい、おまえ、まだわかんないのか！』。

「さっきの『ハニードント』の姉妹曲なんですか」

――そう。同じ後輩に、『おまえ、自分が一体何やってるのかわかってんのか！』と、更に怒ってるという設定。

「なるほど」

――最後の曲、『エブリバディズトライングトゥビーマイベイビー』。ジョージがボーカルのロックンロール。これには『みんないい娘』って邦題が元々あるけど、新たに付け直して『おいらはオフィスの人気者』。

「まあ、このほうが元のタイトルに忠実ですかね」

――どうだ、このアルバムは。邦題を並べてみるがよい。まさにサラリーマンのためのアルバム、ここに誕生じゃ。

「そうですかね」

――アルバム名はそうじゃな、シンプルに『会社生活』とでもしようか。

「売れますか、そんなの」

――売れるとも。ビートルズの四枚目のアルバム、これは『会社生活』って言うんだけどさ、ってね。

「妙な説明ですね」

――『全曲サラリーマン応援歌なんです』

「はあ」

――ではここでビートルズのアルバム『会社生活』から二曲聴いていただきましょう。『強がり』そして『おいらはオフィスの人気者』です。続けてどうぞ。

「変ですよ、そんなのは!!」

——どうじゃ。こんなことやってると、ビートルズの偉大さがまた違う意味で伝わってくるじゃろ。

「そ、そうでしょうか」

——中期以降の曲では、どんなのがあるかな。

「その辺りからは邦題がほとんどないですよね」

——アルバム『リボルバー』収録の『タックスマン』。邦題『国税監査』。

「ストレートですね、それは」

——しかしビートルズの新曲で題名が『国税監査』ってのもおかしいような気もするが。

「おかしいですよ。ほんとに、そんな邦題なら」

——では次はビートルズの新曲をお聴きください。曲はもちろん、『国税監査』。かっこわりいなあ、そんな曲紹介は。

「だからそのパターンの想像はやめてください！」

——『アイムオンリースリーピング』ってのもあるな、これなんか『寝過ごして高尾』。

「強引すぎますよ、そんなの！　共通点は『寝る』ってことだけじゃないですか！」

――『追いかけて横浜』に似とらんかね。

「似てねえよ！」

――そろそろくだらなくなってきたかな。

「かなり」

――ま、ともかくじゃ、ビートルズの曲は身近なネタから結構作られておる。サラリーマンにとっても、ＯＬさんにとっても、学生さんにも、主婦の皆様にも、聴きようによっては、自分の生活支援ソングになるんじゃ。

「生活支援ソングですか」

――そうじゃ。暇なときにな、自分の応援歌になるような邦題をつけてみるがよい。

「やってみます」

――さてと、ではそろそろ本題に戻ろうかな。

「そうしますか」

◆五時間目　「一九六五年　ヘルプ!!」

――一九六五年、ビートルズが世界のアイドルとして君臨した年じゃ。

「デビューから三年弱、早いですね」

――この年も彼らは前年同様ツアーを続け、映画を一本撮り、アルバムも二枚作成と、多忙な日々を過ごす。しかし、彼らはこの年辺りから少しずつ変わってくる。

「変わるといいますと」

――声変わりじゃ。

「ふざけないで」

――わかりやすく言うとだな、彼らはビートルズとしての成功に疑問を感じるようになったんじゃ。

「疑問を」

――びっしり詰まったスケジュール、どこまでも追いかけてくるファン、マスコミ。これによって、彼らが最も尊重していたこと、『自由』が取り上げられた。また、時にはビートルズとしての立場から、自分の気持ちを偽って発言をすることも強いられた。俺たちが目指していたのはこんなんじゃなかったはずだ、って気がつき始めたんじゃ。

「世間にはわからなくても、彼らなりに悩みを抱えていたのか」

――そうじゃ。結局のところ、成長してたんじゃな、彼らは。決して同じところに満足して留まらない。これがまさにビートルズのビートルズたる所以じゃよ。

「『変わり続ける』ってことですか」

――そうじゃ。会社員諸君にも大事なことじゃぞ。これはまた後からメッセージにも出てくると思うが。

「はい」

――さてと、こうした彼らの変化が最も如実に現れたもの、それは彼らの曲じゃ。この年の後半から、ビートルズの曲は歌詞もメロディーもアレンジも、その全てが革新的に変わってくる。この彼らの変化を頭に置きながら、一九六五年に触れていくとしよう。

「はい」

――まずは、彼らの映画、二作目の『ヘルプ』じゃな。

「早くも二作目撮影ですね」

――これは一九六五年前半に撮影された。００７もどきのアクション活劇、お笑いも満載って映画じゃった。さっきも触れたが今回はカラー、そして海外ロケも一杯の、ずいぶんと金をかけた映画となったよ。

「タイトル曲『ヘルプ』はジョンの曲ですよね」

――さよう。この歌詞は奥が深くてな、『昔はこうじゃなかったのに、今はもうどうしていいかわからなくなった、こんな僕を誰か助けて』っていう歌詞なんじゃが、これはまさにこの頃のジョンの心の叫びだったんじゃな。奴はビートルズの成功から逃げ出したかったんじゃよ。

「すごいですね、自分の気持ちを素直に歌って、しかもそれをアイドル映画のタイトル曲にしちゃうんですから」

――メッセージその四二　成功しても、そこで満足して一切考えることをやめないように。

「ジョンは成功自体に疑問を持ったってことか」

――この映画にあわせてアルバムも同タイトル『ヘルプ』として発売された。そのアルバムジャケットでは、四人が雪山で並んで立つ映画のシーンが使われてな、手旗信号の文字をみんなで適当に表現してた。これじゃよ。

先生は袋の中からアルバム「ヘルプ」のジャケットを取り出して机に置いた。

「何か単語を表現してるとか、そういう訳じゃないんですね」

――リンゴは『命！』って漢字でやりたくてしょうがなかったらしいけどね。

「ゴルゴか！」

――この頃には本人達はもう映画熱が冷めてたみたいだけどな、わしは『ヘルプ』が彼らの映画では一番好きじゃよ。

「ふーん」

——ここでまた資料じゃ。ほれ、これを見ろ。

先生は一枚の丸められた色褪せたポスターを取り出し、大きく広げて壁に貼り付けた。

「当時のポスターですか」

——そうじゃ。日本で公開されたときの映画『ヘルプ』のポスターじゃよ。ここを見るがよい（ポスターの片隅を指す）。『総天然色』って書いてあるじゃろ。『アハードデイズナイト』が白黒だっただけにな、今回はカラー映画というのを強調せねばならんかった。

「しかし、『カラー』じゃなくて『総天然色』って表現が時代を感じさせますよね」

——並べて『総天然ボケ』って書こうか、という案もあったとか。

「ないよ！」

——ほら、コメディー映画だからさ。

「ポスターに書きませんよ、そんな注釈を！」

——ところで、この映画のサントラとなったアルバム『ヘルプ』の中に、あの有名な『イエスタデイ』が含まれておる。

「もともとはアルバムの単なる一曲なんですね」

――そうじゃ。別にシングルでも何でもない。しかも映画で使われた曲はアルバムのA面に集められたんじゃが、この『イエスタデイ』はB面、最後から二曲目の曲で、映画で使われたわけでもない。

「へえ」

――有名な話じゃが、これはポールの初のソロ作品と言えるものじゃ。レコーディングもポール単独で行っておる。

「単独で」

――さよう。この曲では、それまでロックミュージックとは無縁であった弦楽器が取り上げられた。ジョージマーティンのアイデアでな。後に数多くのアーチストが同じようなことを真似するんだが。ともかく、この競演が名曲『イエスタデイ』を生んだんじゃ。

「なるほど」

――メッセージその四三　一見アンバランスなものでも、実際に組み合わせてみるとうまくいく場合がある。第一印象で判断せず、異なるものを融合することも考えること。

「異動して絶対あわないと思われる上司の下にいったら、予想に反して突然いきいきとする奴もいます」

――さて、このアルバムの他の曲じゃ。わしはこのアルバムの『チケットトゥライド』という曲が好きでな。裏声も入ってたりして、かっこいい曲じゃ。

「聴いてみましょうよ」

――そうじゃろ、聴きたいじゃろ。では、ビートルズで『チケットトゥライド』です。

印象的なイントロ。「チケットトゥライド」が流れる。ジョンの声がかっこいい。

――ちなみにこれの邦題は知ってると思うが『涙の乗車券』っていうんじゃ。

「かっこいいですよね」

――直訳したら単なる『乗車券』だからな。鉄道賛歌かよってことになってしまう。ここに『涙』ってつけたとこに、当時の日本の東芝側担当者のセンスの良さを感じるな。

「確かに」

――もしこれが『涙の』じゃなく、『愉快な乗車券』だったら。

「どんな乗車券ですか」

――ずっと離れて住んでた彼女がついに列車に乗って帰ってくるという曲。駅で待ってる彼氏としては、もうおかしくておかしくてしょうがない。

「歌詞と全く逆の設定じゃないか、それじゃあ！」

――この曲の魅力の一つ、それは裏声じゃ。このアルバムの収録曲『恋のアドバイス』って曲にも同様に裏声が効果的に使われておる。

「ビートルズの曲には多いですよね、裏声」

――メッセージその四四　場面に応じて、声色を変えてしゃべってみよう。深刻な内容の場合には低いトーンで、飲み会を案内するときは甲高い声で、女性の後輩にしゃべる際は猫なで声で。

「単に変なやつと思われるだけのような気が」

――さて話は変わるが、このアルバム『ヘルプ』の録音を行っていた一九六五年六月、日本の音楽雑誌『ミュージックライフ』の女性編集長、星加ルミ子ちゃんが日本人として初めてビートルズの単独取材に成功している。

「星加ルミ子ちゃん」

――当時はイギリスのメディアでさえ、ビートルズをスタジオで写真撮って取材するなんてほとんど不可能な時代だった。ところがいきなり日本の雑誌にＯＫが出たから、それはもう快挙じゃったよ。

「すごいですねえ」

――日本の雑誌の取材を快く受け入れた裏には、ブライアンの綿密な計算も伺える。当時、日本は新たなマーケットとして注目されておったからね。

「なるほどね」

――メッセージその四五　可能性があるマーケットに関連するものなら、先

を見越して大事に扱うこと。

「さっきも同じようなメッセージありましたね」

——これくらいかな、ヘルプに関しては。次はこの年のコンサートのハイライトを話してみようか。

「お願いします」

——前年同様、この年もビートルズは全米ツアーを敢行した。この年は野球場など数万人規模の観客が動員できる会場ばかりが選ばれ、かつてないツアー規模となったよ。

「今じゃスタジアムコンサートツアーって珍しくはないですけどねえ」

——そのツアーの最初の会場、これがニューヨークのシェアスタジアムじゃった。一九六五年八月一五日。この日こそ、ビートルズのコンサート活動の頂点と言えるかもしれん。

「象徴的な日なんですね」

——『今シェアスタジアムに行くころや（一九五六八）、行こ（一五）』って覚えなさい。

「一九五六年だろ、それじゃあ!!」

――このシェアスタジアムコンサートの時はな、まず四人はヘリコプターで上空からじっくりと球場全体の様子を伺うんだな。これがまたかっこいい。

「そうなんですか」

――そしてヘリからボールをグラウンドに落としてね。

「始球式か！」

――リンゴなんて、『コンサートやらないで別の球場の試合を見に行こうよ』なんて言ってね。

「大リーグファンか！」

――このときの観客数、その数五万五千人とも六万人とも言われておる。

「超満員ですね」

――一説には、いや五〇万人はいたぞとも。

「球場に入れないだろ、そんなに！」

――演奏中でもみんなグラウンドに飛び降りて、ステージにたどり着こうとする。警官と狂ったファンの追っかけっこだよ。どさくさにまぎれてキャッチボールしようとする奴もいたらしい。『わーい、シェアスタジアムだあ』とか言って。

「野球小僧か！」

——もっと驚くことに、一部のファンはコンサート後にグラウンドに殺到してビートルズが踏んだ芝生を食べまくったって言うんだからね。これは他の会場での出来事だったかな。

「信じられませんね」

——よっぽど腹減ってたんだろうね。

「そうじゃないでしょ！」

——ここでまた資料じゃ。ほら見て、この芝生。何かわかるかの。

先生は袋の中から一掴みの芝を取り出した。

「もう大体予想はつきます。どうせシェアスタジアムの」

——そうじゃ、ファンが食べようとしてた芝生じゃな。偶然そこに居合わせたわしがそのファンからひったくった。

「先生がそこにいたんですか！」

——そんなもん食べちゃ体に毒だって言ってやったよ。

「それがその芝生」

——どう、食べる？

「いりませんよ！」

——そうか。じゃ、続けようかの。この年のアメリカツアーでは、会場によってはメンバーはファンから身を守るためにステージ脇まで装甲車で乗り付けたらしい。

「装甲車ですか。戦争みたいですね」

——ファンもファンで最初から装甲車に乗ってたりしてね。

「そんな馬鹿な」

——しばらくお互いに黙ってじっとにらみ合ったりなんかして。

「何やってんですか！」

——コンサートが終わった後もすごい。一刻も早く会場を後にしないことには、冗談ではなく生死に関わるような状況じゃった。ステージの下にリムジンが乗りつけ、それに飛び乗って会場から脱出ってこともよくあったよ。

「決死の脱出ですね」

――ちゃんと車が迎えにきたんじゃ、危ないから。**メッセージその四六　痴漢が多いと問題になっているエリアに住んでいる女性で、夜遅くなった時は、面倒でもお父さんに電話して、駅前まで車で迎えにきてもらうこと。**

「しかし、強引なメッセージを見つけ出すのが上手ですねえ、先生」

――さてと、次はこれを話そうか。このときのアメリカツアーの際にな、彼らは長年のアイドル、エルビスプレスリーと遂に面会を果たした。

「へえ」

――LA郊外のプレスリーの家を極秘に訪問してな。一緒に演奏したり酒飲んだり、楽しく過ごしたそうじゃよ。

「当時プレスリーは、もう過去の人、になっていたんですよね」

――そりゃ言い過ぎとしても、第一線ではなかったな。しかしビートルズは、完全に実績で追い越してしまったエルビスに対しても、決して勝ち誇ったり高飛車になったりせず、礼儀正しく接したそうじゃよ。

「さすがですね」

――メッセージその四七　先輩に対しては、既に実績で追い越してしまった人でも、礼儀正しく臨むこと。

「使えない先輩、上司は確かにいます。ただ礼儀は忘れちゃいかんですよね、年長者に対しては」

――その通り。さて、そんな慌しい毎日を経験していったビートルズじゃが、次第にツアーにはうんざりってな気持ちになっていく。ツアーを続けても自分たちは全く成長しないってことに気づいたんじゃな。

「もはや異常な状況ですからねえ」

――そんな気持ちが、自然と彼らをレコーディングに向かわせるんじゃ。彼らはこれまで以上に曲作りに集中し、レコーディングスタジオで時間を過ごすことが好きになる。

「スタジオでは自由にできますからね」

——さよう。一九六五年の終わり、一ヶ月ちょっと、と限られた時間の中で、彼らは新しいアルバムを制作した。『ラバーソウル』っていうやつでな、これはビートルズを成熟したアーチストとして誰もが認めざるを得ない傑作となった。ポップ音楽史上、一つのターニングポイントになったアルバムと言える。

「一曲一曲が素晴らしかったんですか」

——傑作バラード『ガール』、『ミッシェル』、インド音楽を取り入れた『ノーウェジアンウッド』、ソウルブームを巧みにパロッた『ドライブマイカー』、ジョンの深みがある詞が印象的な『ノーウェアマン』、『インマイライフ』、どの曲も、そこらのミュージシャンのシングルに楽勝できるものばかりじゃった。もちろん全曲オリジナルだよ。

「なるほど」

——ファンのみならず、それまでビートルズを評価していなかった評論家、或いはライバルグループたちもこのアルバムを絶賛した。ミュージシャンとしてのビートルズが完全に確立されたといえるよ、このアルバムで。

「会社員へのメッセージも多そうですね」

——例えば収録曲の『ガール』。これは締め切り寸前にジョンが慌てて書き上げたものなんだが、なかなかどうして、傑作に仕上がっておる。わしも大好きじゃ。さてこの曲は特徴のあるコーラス、『チュッチュッチュッチュッチュッ』ってのが印象的な曲なんじゃが、これはメンバーの話によると、英語のスラングでおっぱい、つまりぱいおつじゃな。

「ぱいおつ」

——そう、そのおっぱいを表現する単語、ティット(tit)をただ早口で繰り返して歌っただけじゃそうな。

「そんなこと歌ってるんですか」

——なかなかないだろ、日本の歌で『ぱいおつ、ぱいおつ、ぱいおつ』なんて早口でコーラスする歌も。

「あるか、そんな曲！」

——何ともお遊び精神満載の彼らならではじゃ。

「しかし、アーチストとして確立されたとか、散々絶賛したアルバムでいきなりそんなエピソードですか」

——これこそ、ビートルズなんじゃ。**メッセージその四八　仕事といっても、いつも遊び心は忘れずに。**

「遊び心か。ただ、おっぱいなんてオフィスで言えませんけどね」

——ぱいおつって早口で繰り返せばいいんじゃないかな。

「言えないよ、それも！」

——それから二曲目の『ノーウェジアンウッド』。邦題『ノルウェーの森』。この曲はジョージがインドの楽器シタールを取り入れたことで有名じゃ。西洋と東洋の融合じゃな。

「守りに入らないビートルズの姿勢が出てますね」

——**メッセージその四九　優秀なスタッフは海外からでも採用すること。**

「日本の会社はとにかく閉鎖的です」

――次はこれを見たまえ。

と言って、先生は麻袋から「ラバーソウル」のLPジャケットを取り出した。

――『ラバーソウル』のジャケットじゃ。これはな、何枚か撮影した写真の中から、偶然にも画像が伸びて、メンバーの顔が変になったのを、敢えて選んだということじゃ。

「確かにアイドルって感じじゃないですねえ」

――別にみんなが無理に顔伸ばしている訳じゃないぞ。ほっぺに手あててムンクの『叫び』みたいに。

「わかりますよ！」

――アイドル扱いするなって気持ちが強かったと思うぞ。もう若いアイドルじゃない、見た目で判断するのはやめてくれ、中身で勝負じゃってな。**メッセージその五〇　新入社員は、周りからちやほやされることをいいことに、いつまでもだらだらと甘えず、早いところ中身で評価されるようになること。**

「確かに二年目になったら、とたんに周囲の目は冷たくなりますからね」

——ともかく傑作じゃ、この『ラバーソウル』は。もう一度言わせてもらうが、これは一ヶ月少々の期間で作り上げた作品じゃ。何とかクリスマスシーズンに間に合わせようと、最初から締め切りが設定されておった。それを彼らはちゃんと守った。しかも、一ヶ月だぞ、一ヶ月。信じられるか、ええ?

「また興奮してきたぞ」

——彼らが本気になれば『ラバーソウル』並みの傑作が一年に一二枚は作れたんじゃな。

「だからその単純な計算はやめましょうよ」

——うるう年なら一三枚じゃ。

「増えるなよ!!」

——メッセージその五一　①時間がない、との言い訳は無用。集中すれば、短期間でも結果は出せる。②なかなか真剣にならず実力をフルに発揮しない部下には、無理な締め切り、条件を設定し、わざと極限に追い込んでみるこ

と。③納期はちゃんと守ること。社会人の常識。

「どれもこれも、耳が痛いです」

――さてと。そろそろ一九六五年を締めようと思ったけど、もう一つだけ付け加えようか。この年、彼らは英国政府からＭＢＥ勲章を授与された。

「勲章を」

――外貨獲得に貢献したというのがその理由なんじゃが、ロックグループに勲章、なんて前代未聞だからな。このビートルズ受勲のニュースが流れると、それまでの受勲者、特に老人たちから『ビートルズに同じ勲章をあげるとは何事だ』との抗議が起こり、数多くの返還者が現れる事態となった。

「何も返還しなくてもねえ」

――ジョンなんかはな、『奴らは戦争で人殺して勲章もらったんだろう。俺たちは人を楽しませて貰うんだ。よほど俺たちのほうがもらう価値があるよ』と言い放った。

「全くその通りですね」

――そういうジョンも戦争で人殺してるんだけどね。

「殺してねえだろ!」

――勲章を返還した愚かな老人にちなんでのメッセージじゃ。**メッセージその五二　会社の最大の敵、老害。若い世代の考え方を受け入れようとしない頭が固まった老世代は、とっとと舞台裏に消え去ること。**

「老世代がいつまでも会社にいてもろくなことにはなりません」

――さらにもう一言、ビートルズの面々は勲章をもらったという事実を何とも考えてなかった。つまりこれを自慢したりとか、何かに利用するとか、一切しなかったんじゃな。後年、洒落で使ったことはあっても。

「どうでもいいことだったんですね」

――**メッセージその五三　業績優秀で社長表彰を受け、表彰状をもらっても、延々とそれを鼻にかけて仕事を進めないこと。また表彰状をだらだらと、自分の席のそばに掲示するのもよろしくない。**

「いますよ、私のオフィスにも」

——では一九六五年、これぐらいにしよう。さて、おしまいの曲は、どれにしようかな。わしのお気に入り、この年発売されたシングル『デイトリッパー』にするか。

「いいですね」

——ではここで一曲聴いてください。ビートルズで『デイトリッパー』。

余談その⑤　新人教育

私が初めて買ったビートルズのLPは、映画「ヘルプ」のサントラ盤だ。きっかけは一九八〇年のジョン射殺だった。ジョン射殺後、TV各局は追悼番組としてビートルズの特番を一斉に放映した。その中で映画「ヘルプ」も放映された。中学生であった私はそれによって初めて動くビートルズを目の当たりにし、その後すぐ、レコード店に猛ダッシュしたわけである。あれから二〇年以上。今でもこのLP「ヘルプ」には特別な思い入れがある。これを聴くと、ビートルズに出会ったころの新鮮な気持ちがあざやかに蘇る。さて、サラリーマン。最初の上司が誰だったか、どこで新人研修を受けたのか、社会人最初のランチは何だったのか、歓迎会はどこでやってもらったのか、最初にお客様と話をしたのはどんな状況であったか、最初に名刺交換したのは誰とであったか、最初に上司に叱られたのはいつだったのか。誰にも新人の頃の思い出はいつまでも心の奥深くに横たわっている。それは自分が考えている以上に、大きな意味を持っている。新入社員を迎え入れる際には、これを忘れてはならない。

◆六時間目　「一九六六年　ツアー撤収」

――さて、この辺りからいよいよ面白くなってくるぞ。

「一九六六年ですか、ビートルズの活動前期の終わりですね」

――おや、もう六時間目か。本日はこの年までになりそうかの。

「そうですね」

――一九六六年、この年はな、まずはようやく取れた長期休暇、これをエンジョイした。それからアルバム『リボルバー』の制作、更には最後となるコンサートツアーを敢行した。忘れちゃならない、この年は日本公演もあった年じゃ。

「ツアーやめる直前に日本に来たってことか」

――最後のアメリカツアーの時にはキリスト騒動なんてのにも巻き込まれてな、いろいろトラブルが多い年でもあった。

「へえ」

――まずはアルバム『リボルバー』だが、この制作の前に彼らは三ヶ月程度の休暇を与えられた。デビュー以降、長期休暇はなしで、ずっと走り続けてきておったからな。これがよい休みとなって、傑作『リボルバー』に繋がった、というわけじゃ。

「休みは必要ですね、やっぱり」


――メッセージその五四　休暇をちゃんととってこそ、いい仕事ができる。

「賛成です」

——さて『リボルバー』じゃ。前作『ラバーソウル』を作り上げてから半年もしない、一九六六年四月に制作開始された。『ラバーソウル』が更に進化した作品と言えよう。凝ったアレンジが随所に見られ、演奏技術、コーラスも一層進歩した。

「凝ったアレンジですか」

——さよう。ビートルズはこの頃からそのレコーディングに様々な『実験』を取り入れた、なんて表現がよく使われる。

「なるほど」

——スタジオにフラスコとかビーカーとかを持ち込んでね。まずはリンゴの唾液が酸性かアルカリ性か、リトマス試験紙で調べてみるかって、その『実験』じゃないっつうの！。

「おお、久々に出ましたね、一人ボケ、一人突っ込み！」

——次の曲は過酸化水素水と二酸化マンガンから作ろうって、それじゃあ、酸素が出来ちゃうだけだろ!!

「よっ、絶好調!!」

——なんか、わしバカみたいだよね。

「いやいや、そんなことはないですよ、決して」

——講義に戻ろうか。例えばだ、この頃ビートルズが凝りだしたものは『逆回転』じゃ。

「逆回転？」

——いったん録音したものを逆回転で再生する。すると何とも言えない、不思議な音色になって印象をガラリと変える効果がある。それを実際の曲に生かそうとしたんじゃ。

「そうなんですか」

——『リボルバー』に収録された『アイムオンリースリーピング』やら、同時期に録音、発売されたシングルのB面『レイン』あたりが、代表的な曲じゃよ。

「へえ」

——逆回転のもたらす劇的な効果、**メッセージその五五　プレゼンがうまくいかない場合、構造を根本的に変えてみること。通常とは順番を逆にし、唐突に**

『費用』を説明、それから実施理由、実際にやる詳細、概要、最後に『お題』、つまりこの報告は何についてなのか説明する。最初は訳がわからないが、終わってみれば新鮮でインパクトがあるプレゼンになる。

「まあ、言わんとすることはわかりますが、でもそんなのうまくいきますかねえ」

――『常務、これは二百万円の話です、二百万』『な、何だ?』『だから、二百万円です、二百万。いいですよね』

「そんなやり方で承認もらおうとするんですか!」

――この逆回転じゃが、プロデューサーのジョージマーティンがラッパーのように一生懸命レコードを手で逆に回してな。

「そんな原始的なやりかたかよ!」

――野心家のポールなんて、ただ曲を逆回転にするだけじゃ満足できずに歌詞も同じにしようとして。

「なんですか、そりゃ」

――回文じゃな。

「そこまで凝ってんのか！」

――ちなみにこの逆回転が取り入れられた曲『レイン』はな、シングルのB面じゃ。ビートルズのすごいところ、それは、シングルのB面にも傑作が揃っていたってことなんじゃ。

「B面でも、ってことですね」

――デビューシングルB面の『PSアイラブユー』をはじめ、『イエスイットイズ』、『アイムダウン』、『レイン』、『ジスボーイ』、うーん、どれも素晴らしすぎるぞ！

「そうですねえ」

――特に好きなのが『イエスイットイズ』。これは『チケットトゥライド（涙の乗車券）』のB面じゃ。

「わかりやすいタイトルですね」

――邦題が『はいそうです』。

「うそつけ！」

――ストーンズは対抗しようとして、『ノーイットイズント（邦題　いいえそうではありません）』って曲を出した。

「中一の英語の教科書ですか！」

――フーは『フーアムアイ（邦題　では私はだれでしょう？）』っていう問いかけ形式ので対抗して。

「それもうそでしょ！　『フーアーユー』ってのはあった気がしますけど」

――B面の大切さについてのメッセージじゃ。**メッセージその五六　些細な仕事も、手抜きはしないこと。必ず誰かに見られている。**

「どんな仕事でも手抜きはばれますね、必ず」

――道草を食ってしまったようじゃ。『リボルバー』に戻ろうかの。

「お願いします」

――このアルバムの収録曲で有名なのはリンゴが歌った『イエローサブマリン』、ジョージの作品で最初で最後のアルバムA面一曲目を飾ることになった傑作『タックスマン』。

ちなみにこれは怪傑『タックスマン』じゃないからね。

「ヒーロー物の子供番組じゃないんだから」

――怪傑『タックスマン』参上。

「自分で否定しといて、ぼけてどうするんですか」

――他には、ポールの才能が存分に発揮された『エリナーリグビー』、ますますその歌詞の不思議さが増したジョンの曲『トゥモローネバーノウズ』、『シーセッドシーセッド』、『アンドユアバードキャンシング』辺りかな。

「『イエローサブマリン』は有名ですよね。『リボルバー』に収録されてたんですね」

――この『イエローサブマリン』をベースに、後にアニメ映画が作られてな、大人だけでなく子供たちまでファンとして獲得するきっかけにもなった。

「子供ですか」

――メッセージその五七　商品設計の際には『子供に受けるか』も考えること。彼らをつかめば、長期的なお得意様となる。逆に子供に嫌われたら、ま

ずい。

「子供なんて、確かにあまり考えには入れてませんでしたよ」

——わしなんか未だにパンツはグンゼ、消しゴムはカレーの匂いがするやつ、筆箱は象が踏んでも壊れないやつじゃ。

「小学生か!!」

——よく会社で三菱ＢＯＸＹのボールペンを使って『カー消し』をパチパチ走らせては、上司に怒られたっけな。

「成長しろよ、少しは!!」

——ともかく。子供の頃に好きになった会社は、大人になっても親近感あってなかなか忘れられんぞ。

「まあそうですけど」

——さてと、さっきも触れたが、この『リボルバー』と同時期にレコーディングされて発表されたシングル、これがA面『ペイパーバックライター』、B面『レイン』の組み合わせじゃ。これまた二曲とも傑作。

「アルバムには入ってないんですよね」

——そこじゃ！

「は？」

——そこじゃよ、若いの。ビートルズはな、『ヘルプ』とかの映画のサントラアルバムは別にして、原則、シングル、アルバムは別々に考えておった。例えばさっき会社ネタでもとりあげた一九六四年発売の『ビートルズフォーセール』。

「はい」

——このレコーディングの際には、『アイフィールファイン』それから『シーズアウーマン』のカップリングが作成され、シングルとして出た。『ラバーソウル』の時は『ウィーキャンワークイットアウト』、『デイトリッパー』、そして『リボルバー』の時が『ペイパーバックライター』、『レイン』じゃ。どれもアルバムには一切収録されとらん。

「そうなんですか」

――ちなみにこの方針は彼らの活動後期までほぼ変わることはなかった。

「へえ」

――もちろん、そのほうがシングルが売れるっていう理由もあるし、または、シングル、アルバムをそれぞれ独立した作品として確立したかったからなのかもしれない。

「そうですよね」

――ただ、せっかくアルバムを買ってもシングルの寄せ集めで新曲が聞けず損した気分だ、なんていうファンの不満をちゃんとわかっておったとも言えるよ。ファンのことを常に考えておったからな、あの子たちは。

「今のアーチストはアルバムから次々にシングルカットしてるだけですからね」

――メッセージその五八　お客様第一。お客様がどう考えるか、何を欲しがっているかを忘れずに。自分たちだけ楽しようとしないこと。

「つい楽しちゃうというか、会社側の都合で物を考えてしまいます」

――それからな、この『ペイパーバックライター』、『レイン』の頃から、彼らはプロモーションビデオの作成にも力を入れるようになった。

「ビデオですか」

――今のＭＴＶの走りじゃ。彼らはビデオを作成して宣伝活動に使おうと考えたんじゃな。もちろんビデオを通じて、曲の違う魅力が伝えられるという点も十分認識しておった。

メッセージその五九　プレゼンの際は、グラフ、表を多用し、わかりやすくアプローチすること。

「視覚にも訴えるということですか」

――では、次のトピックに行こうか。『リボルバー』の完成後、いよいよ日本公演じゃ。

「とうとうですね」

――いやあ、これは気合入るね。山ほどメッセージが出てくるから、覚悟するがよいぞ。

「ＯＫです」

――彼らが日航機で羽田空港に降りたったのは、一九六六年六月二九日未明。

「はい」

——『ロ、ロ、ロジック（六六六二九）なんて通じないぞ、ビートルズ日本公演』って覚えなさい。

「無理やりだぞ！　なんでどもるんだよ！」

——ビートルズ来日。それはそれは日本中が大騒動じゃった。ビートルズ台風襲来、なんて言って、天気予報でもガンガン報道されてね、彼らの予想進路とか。

「ほんとの台風じゃないんですから」

——今回は雨台風です。

「ふざけんな！」

——でもほんとに彼らの到着と合わせるように台風が来てな。その影響で彼らの到着時刻が遅れて未明になったんじゃ。羽田に殺到するファンを恐れていた警察側にとっては逆にラッキーな展開だったよ。そのためにこの台風は一部では神風だって呼ばれた。

「なるほど」

——元寇じゃないんだからな、しかし。

「あたりまえの突っ込みしないでください。でも警察もそこまで警戒してたんですね」

――ビートルズの警備には当時の佐藤B作首相も頭を痛めるほどだったらしい。

「佐藤栄作でしょ!!」

――羽田に着いたビートルズ。タラップから降りてくるこのシーン、永遠に記憶に残るな。

先生は、日航機のタラップから降りてきて手を振るビートルズの写真をさっと取り出した。

「有名な写真ですね」

――ほらこれを見ろ、全員日航のはっぴを着ておる。

「そうですね」

――到着早々祭りがあるとでも勘違いしたのかね。

「違うでしょ！」

――リンゴなんて機内にいる時からみこしかついで騒いでたらしいよ。

「うそつけ！」

——『日本だ！　日本だ！　わっしょ！　わっしょ！』

「うるさい！」

——「さてと、しばらく鳴りを潜めておったが、ここらで久しぶりに丸秘グッズの紹介と行こうか。これを見い！」

と言って、先生は麻袋からガサっと大きな服を取り出した。

「おお、それは」

——この写真に写ってるはっぴじゃ。これはポールが着てた奴じゃ。

「本物ですか？」

——勿論じゃとも。何なら石坂浩二に鑑定頼んでもよいぞ。

「どうも嘘っぽいけどなあ」

——何を言うか。

「せ、先生、でもそれ『JAL、日航』って入ってないじゃないですか、はっぴの胸に」

——えっ？

「そのかわりに何ですか、その『町内会』ってのは」

――いや、どうだろう、うーん。

「先生」

――ま、それはともかく、はっぴに関してメッセージじゃ。**メッセージその六〇　郷に入っては郷に従え。異動する際、そこのスタッフがいつも全員白いワイシャツを着ているのなら、情報を事前に入手し、着任初日にはさりげなく白いワイシャツを着ていくこと。自分らしさを出すのはそれからでよい。**

「受け容れる側も悪い気はしないですね」

――さて、タラップ降りた彼らはな、そのままリムジンに乗り込んじゃうんだな。

「まさにＶＩＰ待遇」

――入国審査があったら笑えたろうけどな。

「今じゃどんなアーチストでもそうなんですけどね」

――リンゴに向かって、審査官が『サイトシーング？』なんて聞いたりして。

「そんなばかな」

――リンゴもリンゴで『ぼくの名前は覚えやすいでしょ』なんて愛想ふりまいたりしてね。

「くだらないよ!!」

――『みかんじゃないよ』ってウィンクしながら。

「だから言わないよ、そんなこと!」

――さて、宿泊先であるヒルトンホテルでは、武道館コンサートで司会も担当したEHエリック氏が単独インタビューをしようと待ち構えておった。

「EHエリック」

――彼がジョンとポールに『尊敬するアーチストは?』って聞いたんじゃな。するとジョンが『ポールマッカートニー』、ポールは『ジョンレノン』と、まあ、ジョークとしてだが、笑いながらこう答えたんじゃ。

「いわば同じ部署のスタッフが、互いに尊敬してると」

――メッセージその六一　上司、部下が互いに『尊敬』できる組織になれば

言うことなしであるが、そう簡単にはいかないので、例えば上司なら、少なくとも『課長は自分に厳しいよな』と言われるよう、日々の態度で示すこと。課の飲み会の翌日に自分だけドタキャン休みをするような上司は、一生尊敬されない。

「またわかりやすい例が入ってますね」

——日本滞在の約五日間、宿泊先のヒルトンホテルにビートルズは軟禁状態となったのだが、いろんなゲストがホテルに来てな、彼らはそこから日本を感じとることになった。

「加山雄三が部屋に行ったという噂がありますが」

——ほんとじゃよ。この頃の日本のトップシンガーこそ加山雄三じゃ。もちろんビートルズにとっては、全く格が違う相手なのじゃが、ビートルズは親切に彼を部屋に迎え入れて、なんでも、すき焼きを食べて盛り上がったらしいぞ。

「そうなんですか」

——ジョンはこの時椅子じゃなくて、日本式に正座して食うって言い張ったらしい。

「ほんとですか？」

——加山雄三招待に絡んで、メッセージじゃ。**メッセージその六二　①自分がどれほど上のポジションになろうと、しょせんは自分の守備範囲での話。違う業界、部署にはそれぞれのトップが存在する。彼らには敬意を表して接すること。②みんなで盛り上がるには鍋物が一番。③加山雄三は、実はすごい。**

「バラエティに富んだメッセージですねえ。最後のって、会社生活に関係あります？」

——あるとも。加山雄三世代じゃ、今の役員クラスはみんな。雄三を知っておいて損はないぞ。さて、ここでまたも資料タイムじゃ。

「何ですか、こんどは。どうせすき焼きの残りとかでしょ、腐った」

——おぬしするどいな。

「ほんとにそうかよ！」

——いや、今回はな、鍋じゃ、鍋。

先生は足元の麻袋をガサガサやり、大きな鍋を取り出してドンと机に置いた。

――これじゃ。これこそ加山雄三とビートルズがすき焼きを食べたときに使われた鍋じゃ。

「ほんとですか」

――本日のために、ヒルトンホテル、現キャピトル東急ホテル調理室のご好意により、特別にお借りしてきました。

「わざわざ」

――今からこれですき焼きを作るか。気分はすっかりビートルズじゃ。わっはっはっは。

「いいです、遠慮しときますよ」

――では続けるか。メンバーはさっきも言った通り、ホテルの外に一切出れない状況じゃった。警官にはコンサートで武道館に行くのさえ駄目だって言われてね。

「そんな馬鹿な」

――羽田からホテルに直行して、五日間ホテルに缶詰。そのまま、また羽田から出国。いやあ、これなら笑えたろうね。

「何しに来日したんですか！」

——さて肝心のコンサートじゃ。これはご存じの通り、日本武道館で開催された。当時、武道館でロックコンサートやるっていうのは、とんでもないことだったよ。

「そうなんですか」

——まだ全面たたみだったし。

「そんな訳ないでしょ」

——コンサート主催者である読売新聞の正力さんに、『おまえら、そんなに武道館でコンサートやりたいんなら、とにかく柔道着を着ろ！』って強制されてな。

「そんなバカな」

——コンサートの前座、これは日本のアーチストが務めた。内田裕也や尾藤イサオじゃ。有名な話じゃが、あのドリフターズもいた。

「そうらしいですね」

——ビートルズは、ドリフから『コント一緒にやろうよ』って楽屋でしつこく誘われたって話じゃ。

「コントですか！」

――リンゴだけは『いいよ』って言ったらしいけど。

「うそつけ！」

――武道館公演には、著名人も多数観客として来た。三島由紀夫や大仏次郎、それから女優の和泉雅子も北極点から駆けつけた。

「北極には行ってないでしょ、まだ！」

――当時まだ無名のジュリー、沢田研二も来たんじゃよ、わざわざ京都から。

「そうなんですか」

――コンサートでの演奏じゃが、思ったより下手だったとか、あの設備、環境であそこまでやるんだからすごいとか、いろいろ評されておる。この時期は完全にコンサート活動に嫌気がさしていた時期だから、はなっからやる気がなかったとも言えるけどね。

「そりゃそうですよね」

――まあ、わし自身は好きじゃがな、あのときの演奏は。どれ、一曲聴いてみるか。

「いいですね」

先生は日本公演が収録された海賊盤を取り出した。

――この頃の最新シングル、『ペイパーバックライター』にするか。

日本公演での「ペイパーバックライター」が流れる。

「確かにレコードとは違いますすね」

――この時のステージなんだが、マイクのセッティングがうまくいっとらんでな。演奏中のポール、ジョンのマイクが落ち着かず、ぐるぐるまわり続ける、なんてハプニングが見られた。

「歌いづらいですねえ、そりゃ」

――ポールなんて、そのままマイクを追っかけて、ぐるぐるマイクスタンドを中心にまわり始めてな。しまいには目がまわってその場にしゃがみこんでしまって。

「うそだ！」

――メッセージその六三　朝礼等での音響装置は、抜かりなくちゃんとセッ

ティングすること。スピーチ途中で音声が聞こえなくなり、『誰だ、マイク担当は』とみんなの冷たい視線を浴びるなんてことにならないように。

「よくありますよ、私のオフィスでも」

――コンサートではな、ポールが『どうも』と日本語で声をかけ、ファンは大いに喜んだ。

「日本語をしゃべったんですか」

――一曲目『ロックンロールミュージック』、二曲目『シーズアウーマン』が終わった後、ポールは『どうも』の一言に続き、流暢な日本語で『というわけで、いよいよ始まりましたねえ、待ちに待ったビートルズのコンサート』ってね。

「そこまでしゃべらねえだろ」

――すかさずジョンが『始まっちゃいましたねえ』って。

「言わないよ！」

――ポールが『ちょっと緊張してますが、最後まで頑張るから、声援よろしく！』。

「誰ですか、いったい！」

――『どうも』の一言に関してメッセージじゃ。**メッセージその六四　海外でスピーチをする際、最初或いは最後に、さりげなくその国の言葉であいさつしてみること。**

「私もやったことあります。これは間違いなくうけますね」

――もう一つだけ、来日絡みの話をしようか。このビートルズ来日の頃には、日本でそれまで発売されてなかったアルバムがいろいろ編纂されて一気に何枚も出たんじゃ。

「そうなんですか」

――まあ、日本で発売されるアルバムには、だいたい邦題やらサブタイトルがあってな。

「またも来ましたね、邦題ネタ」

――例えばこんなのがある。『これがビートルズ！』。

「時代を感じさせますね」

――しかし何なんだ、いったい。どれがビートルズだって感じだよな。

「そんなことないでしょ」

――『わかったよ』、って思わずレコード盤に向かって突っ込みたくなる。

「そんな」

――二枚目には『これもビートルズ！』ってのが出た。

「うそつけ！」

――さらに三枚目、『これまたビートルズ！（もう覚えた？）』。

「いいかげんにしろ！」

――ライバルのローリングストーンズのアルバムには『これはビートルズじゃないぜ！』

なんて邦題で。

「そんなのつけてどうすんですか！」

――『おれたちゃ五人組だよ』ってサブタイトルもついてな。

「ふざけんな！」

――『ちょっと悪（ワル）でーす』なんて。

「いいかげんにしろよ」

――しまいにゃ『これはビートルズ⁇』なんてのも。

「誰ですか、そりゃ」

――東京ビートルズ。

「知らないよ、そんなのは‼」

――いや、いたんだけどね、そんな連中が。まあ、ともかくこんな騒動で、あっという間に五日間が過ぎ去る。しかし、もう現れないだろうなあ、あれほど大騒ぎになる訪問者も。

「そうでしょうね」

――長くなったな。日本公演はそろそろこのくらいにして、次行こうか。

「はい」

――日本の後に行ったのがフィリピンはマニラじゃ。ここで彼らは一つの騒動に巻き込まれる。当時の大統領マルコスの夫人、イメルダ登場じゃ。

「そんな頃からもういたんですか、やつらは」

――イメルダがビートルズを昼食会に招いた。ビートルズを利用しまくるだけという、くだらない上流階級のパーティじゃ。そんなものに辟易していたビートルズは、それが休日だったこともあり、あっさりと断った。

「当然ですね」

――しかしそれがうまく連絡されず、イメルダ側はすっぽかされたと激怒、ＴＶで大げさに国民に訴えかけた。このため暴動のような騒ぎになってな、空港まで暴徒に追われ続けるという散々な目にあってしまったんじゃ。

「イメルダらしいですね」

――追い詰められた四人は、マラカニアン宮殿からヘリで命からがら脱出する事態に。

「それは一九八六年のマルコス本人でしょ！　なんでビートルズがマラカニアン宮殿にいるんですか！」

――彼らは後に言っておる。『あんな場所行くべきじゃなかった。もう二度と近寄らない』ってな。**メッセージその六五　どう見てもおかしい『独裁者』がいる会社には最初から近づかないこと。**

「どんな会社ですか、しかし」

――このマニラ騒動の後、一九六六年八月、いよいよ彼らの最後のコンサートツアー、アメリカツアーが始まる。

「とうとう最後ですね」

――このコンサートツアー前、ビートルズというかジョンがまたもやトラブルに巻き込まれる。この年の初めに彼はイギリスでのあるインタビューでこう答えたんじゃ。『ビートルズはキリストより人気がある』とな。

「キリストより人気がある、ですか」

――彼の本意は、教会、牧師の堕落ぶりを批判することだったんだが、この発言のみどんどん一人歩きして、『反キリスト教』のレッテルを貼られてな、特に保守的な米国南部から、ビートルズ排斥運動が巻き起こることになった。

「排斥運動ですか。おおげさですねえ」

――完全な社会現象じゃよ。みんなで集まってビートルズのレコード焼いちゃったりするんだから。

「それはすごい」

――ラジオで呼びかけるんだからな、『今日の夜七時からビートルズのレコードを焼きますから、みんなレコード持って集まってくださあい』ってな。

「すごい呼びかけですね、それも」

――勘違いして、燃えるゴミを持ってきた主婦もいたらしいけど。

「ほんとですか?」

――燃え盛る火のまわりでフォークダンス踊るやつも出てきて。

「キャンプかよ!」

――『きょうの日はさようなら』とか歌って。

「何してんですか、みんな!」

――あるいは実はみんなでビートルズの歌歌ってたりしてね。

「それはないでしょ」

――『あれ？　このレコード捨てようとしたんだけど、改めて聴くと結構いいなあ』

「誰だよそりゃ！」

――みんなも『ほんとだ、ほんとだ』とか言って。全員で気づいたら『いえーすたでー』って大声で肩組んで歌ってて。『やっぱ俺達ビートルズが好きなんだ、なあみんな！』とか言って、逆にファンなのを確認しあったりしてね。

「意味ねえだろ！」

――レコードが燃やされることに怒ったジョンは、勇敢にも聖書を燃やしにいったらしい。

「よしなさいよ！」

――さてメッセージじゃ。**メッセージその六六　口は災いの元。いくら絶好調でも、センシティブなトピックに関しては、言動に注意すること。**

「絶好調にまだなったことないですが、気をつけます」

――忘れそうじゃったが、ここでも資料じゃ。この燃えカスを見よ！

先生は、麻袋から真っ黒にこげた紙切れを取り出した。

「もうわかりました」

――これはこの反ビートルズ運動の際に燃やされたレコードジャケットの一部じゃ。

「ですよね」

――米国でのデビューアルバム、『ミートザビートルズ』のジャケットじゃな。

「そうなんですか」

――ほれ見てみい。興味深いことに、右下のリンゴの部分だけ残っておる。

「そうですね」

――しぶといぞ、奴は。

「そういう結論なんですか」

――こんな騒動で幕をあけた最後のツアー。ツアー開始直前にはな、マネージャーのブライアンが特別に記者会見を設定し、ジョンはその場で自分の真意を改めて説明したよ。

「へえ」

――そして誤解を招き申し訳なかった、と素直に謝罪した。変な言い訳などせずにな。

「なるほど」

――メッセージその六七　言い訳ばかりしないように。自分の非、至らぬ点は素直に認めること。

「痛いところをつきますね。私の口癖に『ですから』ってのがあるんです。これを口にする度に、『お前は自分を正当化して、相手を否定してばかりだ』って、上司にいつも指摘されてます。つまりは、つい言い訳を口にしてしまうんですよね、私は」

――自分の本意を説明することと、言い訳することは違う。言い訳ってのは、つまりはその場限りのごまかし、逃げじゃ。そんなことをする低レベルな人間にはならんように。

「確かに低レベルです。私もまだまだですね」

――とは言いながら、このジョンの記者会見も、体のいい言い訳とも言えるんだけどね。

「今更ひっくり返すなよ‼」

――この謝罪会見でもう一つ。これは今も言ったがマネージャーであるブライアンエプスタインが設定したものじゃ。ブライアンは会見に先立ち自ら声明を発表してジョンの擁護に努めた。責任から逃げず、ちゃんと対応したんじゃ。

「はい」

メッセージその六八　部下のミスは必ず上司がフォローしてやること。

「全く傍観者的な立場で、逃げに入るだけの上司もいます」

——さて、この最後のツアー。ファンや警察の混乱は相変わらず。キリスト騒動に便乗した脅迫なんかもあってな、もう二度とツアーはやらない、ってメンバー全員が固く決心したそうじゃ。

「最後のコンサート会場はどこだったんですか」

——サンフランシスコのキャンドルスティックパーク。一九六六年八月二九日のことじゃ。

「日付が出たってことは、まさか」

——『ろくでもないロック（六六）をはじく（八二九）のも、サンフランでもう終わり』って覚えなさい。

「覚えにくく、しかもわかりにくいぞ、その語呂は！」

――このサンフランシスコもそうじゃったが、最後のツアーでは、暴徒化したファンの突進を恐れてな、ステージを檻で囲んで、さながら動物園のような環境で演奏した。

「今じゃ信じられませんね」

――檻の前には『ビートルズ・歌手』っていう表札が立てかけてあったな。

「うそでしょ」

――『生息地　イギリス』

「ふざけんな！」

――『主食　フィッシュアンドチップス』

「どんな動物だよ！」

――しかし、檻の中で歌うってのもなあ。そりゃ確かにコンサートやる気も失せると思うよ。動物園のショーじゃないんだからね。

「確かに」

――こんな調子でとうとうツアーは終わってしまう。ビートルズはこの年はクリスマス用にアルバムを作ることもなく、九月以降、しばらく個人活動に専念する。ジョンは映画に出たし、ポールは映画音楽を作った。ジョージはインドに行った。

「ジョンは単独で映画に出たんですね」

――その映画のタイトルがすごい。直訳すると『私はいかにして髪の毛を切らされたか』。

「違うでしょ！」

――『いかにして戦争に勝ったか』か。確かに髪は切ったんじゃが。

「ビートルズカットの卒業ですか」

――そうじゃ、彼はこの撮影の時からメガネもかけはじめてな。

「後にジョンのトレードマークとなる」

――三角メガネな。

「丸メガネでしょ！　どんなメガネですか、三角メガネって！　無理矢理ぼけるのはやめてください！」

――直訳ではなく、この映画には邦題がちゃんとつけられた。これが確か『ジョンレノン僕の戦争』じゃ。

「そうですか」

──『僕の戦争』って言われてもねえ。どうだろうか。

「さあ」

──『違うぞ、俺のだぞ』って言えないよねえ、ポールも。

「言わないでしょ、そんなことは！」

──リンゴは『リンゴの戦争』って映画を勝手に作ったし。

「ないよ、そんな映画は！」

──青森の果樹園を舞台にした社会派のストーリー。

「そのリンゴかよ！」

──さてここでメッセージじゃ、ジョンのメガネに絡んでな。そもそも彼は極度の近眼なんじゃが、アイドルとして活動しておった頃は、見た目を気にしてか、人前ではメガネをかけなかった。しかし、そんなことはどうでもいいことだってわかったんじゃな。**メッ**

セージその六九　見た目を気にして、自分らしさを失わないこと。

「見た目、というか、人からどう見られているかだけを気にしてる人が多すぎますね。私もそうですが」

――デビュー以来初めてと言える、この個人活動。この頃は解散説が囁かれたり、曲のネタが尽きたなんて噂されたり、外野はうるさかった。しかし彼らは一切気にせず、一九六六年一一月末から新作レコーディングに突入する。

「いよいよ活動後期の幕開けか。楽しみですね、後期のビートルズも」

――さてと。おお、もうこんな時間か。本日の講義はここまでにするか。よいか、今晩は、今日出てきたメッセージを全部復習して、頭に、そして体に叩き込むんじゃ。

「はい」

――それから、明日のフリーディスカッションの準備もちゃんとしておくように。数多くのメッセージから、おぬしが何を学び取ったかってことなんじゃが。

「でもフリーディスカッションって結局僕だけじゃ」

——そうじゃよ。

「そうじゃよって」

——わっはっはっは。

「また出たな、高笑い」

余談　その⑥　日本公演

会社そばにある居酒屋の壁に、額に入った一枚のチケットが飾られている。一九六六年、ビートルズ日本公演のチケットである。ビートルズ絡みのライブハウスならともかく、ロックンロールとは何の関係もないと思われる居酒屋に、ビートルズ、しかも日本公演のチケットである。これは目立つ。というか、浮いてる。最初に見つけた際には、生ビールを注文するよりも前に、「すいません、あれってビートルズですよね」と思わず聞いたものだ。「ええ、そうですよ。うちの主人が見に行ったんですよ」。こう答える女将さんの後ろには、「どうも」と軽く会釈をする笑顔のおっちゃんがいた。日本武道館での計五回のステージで動員された観客は五万人。さて彼らはいったい今、何をしてるのであろうか。まさか、みんながみんな居酒屋のご主人になったとも思えない。そういえば、学生時代、家庭教師で訪問した先の美人のお母さんも「私、ビートルズを見に行ったのよね」と言っていたっけ。社長がデスクマットに日本公演のチケットをそっと忍ばせている、そんな会社も今、案外多いのかもしれない。

2

The second day

第二日目

◆朝の息抜き　「もしもビートルズがいなかったら」

――おはよう。昨夜はちゃんと復習をしたかね。

「おはようございます。昨日教えてもらったビートルズからのメッセージ、なんと合計六九個もありました。確かに会社生活に役立つものが一杯でした」

――当たり前じゃ、わしの研修だからな。他のコースを選択せんでよかっただろ。

「ええ、ほんとにそう思いますよ」

――で、昨日はあの後、同期と飲みに行ったりしたの？

「先生がメッセージを全部叩き込めって言うから、夜遅くまでやってましたよ、それを」

――会社の研修というのはな、久しぶりに同期と会ういい機会なんじゃ。普段はなかなか会えんからな。そんな人たちと飲みに行くとな、いろんな話ができて、ためになるぞ。

「そりゃまあそうですが」

――ビートルズもな、メンバー同士仲良くてしょっちゅう飲みに行ったりしておったが、ローリングストーンズの連中やら、あるいは写真家、俳優、編集者といった、いわば業種の垣根を越えた友人たちともよく遊びに行ったものじゃ。それでまた視野を広げたんだな。

「へえ」

――メッセージその七〇　同じ課の人間だけでなく、違う業界の人とも付き合うこと。社内他部署の同期、他社に就職した学生時代の友人とたまに飲みに行くのもよい。

「朝からいきなりメッセージですか」

――おぬしも同期と交流を深めるよいチャンスじゃ、こういう研修は。

「ただね、先生、忘れてもらっては困りますが、この研修には私一人しか出ていないんですよ、私一人しか！　同期と飲もうにも、みんな他の研修所なんですよ！」

――そうか、そうじゃったな。それはかわいそうに。

「そんな、完全にひとごとですね、その言い方は」

――さてと、早速昨日の続き、一九六七年から開始したいってところなんじゃが、まあ、わしは朝はあまり強いほうじゃないので、ちょっと違うトピックから話してみようか。

「十分強そうですけどね。全開じゃないですか、朝から」

――何にしようかの。くだらないのがいいな。

「先生得意そうですよね」

――では、もしもシリーズにしましょうか。

「もしもシリーズ？」

――お題はこうじゃ。『もしもビートルズがいなかったら、○○はなかった』。

「なるほど。いろんなことに一杯影響を与えてますからね、ビートルズは」

――一九六〇年代の芸術、文化、世相、あらゆるものに強烈な影響を与えたビートルズ。それは枯れるどころか、今日まで延々と続いておるといっても決して過言ではない。

「それにしても見事に六〇年代をあらわしてますよね、ビートルズは」

――一九六二年デビュー、一九七〇年解散だからな。

「これ以上、きっちりしたグループもないですよね、よく考えると」

——比較できるとなると……きっちり一九九九年に解散した聖飢魔IIくらいか。

「比較の対象じゃないでしょ！」

——ある意味二〇世紀を代表するグループじゃったな、聖飢魔IIも。

「何でだよ！」

——ま、とにかくビートルズは六〇年代という時代にはまりすぎておるな、確かに。

「時代が求めてた、とも言われてます」

——ビートルズが六〇年代を選んだんじゃない、ということか。

「六〇年代がビートルズを選ん……」

——『バレエが僕を選んだんだ』

「熊川哲也ですか！」

——しかし、バレエが僕を選んだって……。いったい何言ってんだろうねえ。

「いいじゃないですか、かっこよくて！」

——リンゴがビートルズを選んだんじゃない。

「何ですか、いきなり」

——ビートルズがピートベストを捨てたんだ。

「訳わかんないぞ！」

——ジョージはポールにバスの中で拾われた。

「捨て猫か！」

——ジョージはドイツから未成年を理由に追い出された。

「だから今、関係ないでしょ！」

——では始めるか。しかし、ビートルズがもしいなかったら、なかった、なんてものは数え切れないな。

「例えば何ですかね」

——どう考えても真っ先に思い浮かぶのは、『ずうとるび』じゃろ。

「いきなりそれですか！」

――一時はビートルズと『ずうとるび』の区別がつかなかったからな、わしゃ。てっきりリンゴが山田隆夫かと思ってたよ。

「勘違いしすぎでしょ！」

――『リンゴく～ん、座布団一枚あげとくれ』

「笑点に出すなよ！」

――しかし『ずうとるび』なんてのを聞いてもだな、ビートルズのすごさがわかるじゃろ。

「どうしてですか」

――これがストーンズだったら、どうなる。『ずうりんぐすとおんろ』。全く訳わからんグループ名になる。

「だからすごいんですか！」

――キンクスなら『すんくき』。これだったら『すかんち』みたいでまだいけるかな。

「くだらないよ！」

――ヤードバーズだったら、『ずうどばあや』。おっ、この名前は面白いなあ。

「楽しむな、一人で！」

――ビートルズがもしいなかったらといえば、あのジョンの丸メガネってのもそうだ。

「確かに、あんなのをかっこよくかけたのはジョンが最初なんでしょうか」

――ってことは鈴木ヒロミツもこの世にはいなかったってことじゃ。

「そりゃ言いすぎでしょ」

――人気グループのＥＬＴなんてのも、グループ名自体がビートルズの曲名だからな。

「そうですよね。ファンからすると、あまりいい気持ちはしないでしょうね」

――チルチルミチルの『トゥモローネバーノウズ』もビートルズの曲名じゃな。

「それはミスチルでしょ！」

――リンゴが『あれは俺の一言だ、著作権に触れるぞ』って桜井君に強くクレームしてるらしいよ。

「リンゴの一言なんですか、あれは」

――どんどん話がそれるが、『抱きしめたい』ってＴＶドラマもあったな。

「きりがなさそうですねえ」

――そのうちまた別のＴＶ番組が生まれるじゃろう、ビートルズ絡みで。

「そうですかね」

――『アイムオンリースリーピング』

「やなドラマですね」

――痴呆症の看護もの。

「おいおい」

――『タックスマン』

「どんなドラマですか」

――ヒーローもの。

「昨日も言ったでしょ、そのネタは！」

――『アイミーマイン』

「何ですか、それは」

——ＮＨＫ教育の英会話教室。

「そんな題名にするんですか」

——『ヘイブルドッグ』

「何ですか、こんどは」

——ＮＨＫ教育のペット物。

「またＮＨＫ教育ですか！」

——しかもやけにブルドッグを飼うことばかり薦める番組。

「やな番組だな、おい」

——ま、あらゆるジャンルで、ビートルズが模倣され利用されてるよ。最近の音楽なら『オアシス』もそうじゃな、ありゃ。

「彼らは公言してますけどね、ファンだって」

——サングラスといい、服といい、あれは完全に一九六五〜六六年のジョンじゃよ。

「言えてます」

――しかも困ったことに、ボーカルのリアムは最近『僕はジョンの生まれ変わりだ』なんてぬかしとるらしい。

「よくもまあ、そんなことが言えますよね、しかし」

――全く、もう開いた口がふさがらん。

「そうですよね」

――でも実はほんとにそうだったりしてな。

「信じてどうすんですか、先生！」

――似てるなあ、そういえば。

「しっかりしてください、先生!!」

――まあ、奥田民生みたいに、スマートに真似してもらうとファンもうれしいんじゃがな。

「オリジナリティは持ちつつ」

――他には、どうかな。『モンキーズ』、『ナック』もそうか。

「『ナック』？」

――『マイシャローナ』じゃ。

「ああ、あの曲ですね」

――レノン＝マッカートニーの最高傑作じゃ。

「『ナック』のオリジナル曲でしょ！」

――音楽関係では日本にも一杯いたぞ、昔から。例えばＧＳなんてある意味全員そうじゃ。

「そうですねえ」

――ＧＳ。

「ぼけようとしてますね」

――グループサウンズじゃ。

「今回は素直ですね」

――タイガース、スパイダース。

「ブルーコメッツにテンプターズ」

――スワローズにベイスターズも。

「プロ野球でしょ、それは！」

——GSからはその後の芸能界をしょって立った人材が一杯輩出されておる。ってことは、ビートルズがいなかったら、日本の芸能界は今ごろいったいどうなっていたか。

「マチャアキ、ジュンちゃん、ジュリーにショーケン。安岡力也もそうか。確かにみんなGSをきっかけにしてますね」

——名作『時間ですよ』は生まれなかっただろうな。

「ドラマ自体がなくなるんですか！」

——七曲署も困る。何といっても最初のマカロニ刑事がいないんだからね。

「誰か別にいるでしょ！」

——犯人役でジュリーも出てたし。

「詳しいですねえ」

——こんな風にくだらないことを話しておると、全く尽きないねえ、ビートルズネタは。

「そうですね」

――語り始めると、ほんとに夜も寝られません。

「地下鉄漫才ですか、先生！」

――さてと、だいぶ目が覚めたかな。

「ええ、おかげさまで」

――では、そろそろ昨日の続きを始めるかの。

「お願いします」

◆一時間目　「一九六七年　スタジオ隠遁」

――いよいよ一九六七年、レコーディング時代、ビートルズ活動後期の始まりじゃ。

「はい」

――彼らはロンドンはアビーロードのＥＭＩスタジオにこもり、レコーディングに没頭するようになっていく。

「そして数々の傑作が誕生していくわけですね」

――何といってもこの年のハイライトは六月に発売されたアルバム『サージェントペパーズロンリーハーツクラブバンド（長いので以下サージェントペパーズ）』じゃな。

「有名なアルバムですね」

――ビートルズの最高傑作と言われておる。熱烈なファンの中には賛否両論あるけどね。シェアスタジアムが彼らのコンサートの頂点なら、この『サージェントペパーズ』が発売された日がミュージシャン、ビートルズとしての一つの頂点と言えよう。

「はい」

――一九六七年六月一日発売じゃ。

「まさか早速出るんじゃ？」

――『サージェントペパーズを聴けば、ひどくむなしく（一九六七四九）、無為（六一）な日々ともおさらばさ』と覚えよう。

「四九が余分でしょ！」

――この『サージェントペパーズ（まだ長いので、以下サージェント）』、半年程度かけて作りあげたのかな。ありとあらゆるアイデア、技術を詰め込んだ、聴けば聴くほど新たな発見があるアルバムじゃ。

「ふむ」

――主にポールのアイデアで、『サージェント』という架空のバンドによるショー仕立てのアルバムにした。アルバム全体が一つのショーのような雰囲気で、これまた後の多くのミュージシャンに影響を与えておる。いわゆるタートルアルバムの誕生じゃ。

「何ですか、その『タートル（亀）アルバム』ってのは」

――レコードジャケットが亀の甲羅みたいに固くて、しかも亀の子たわしにもなってとても便利ですって、違うっつうの。

「本日も健在ですね、そのワンマンプレー」

――トータルアルバムじゃな。

「お願いしますよ」

――一曲目の『サージェント』に始まり、ジョンの傑作『ルーシーインザスカイウィズダイヤモンズ』、ラストを飾る、ビートルズの曲で最もインパクトがあると言える『アデイインザライフ』。その前には『サージェント』のリプライズ、アンコールとしての別バージョンが入っている。他にも『ラブリーリタ』、『シーズリーヴィングホーム』、まあポールの傑作が多いかな。これらが曲間の空白もほとんどなく、次々演奏されるんじゃ。

「従来のアルバムの概念を完全に覆してますね」

――彼らはこのアルバムで思いつく限りのアイデアを試みた。もちろんそこにはジョージマーティンの多大な貢献もあった。まさにチームとして彼らの創造性が最も高みに達したのが、この頃と言えよう。

「たくさんメッセージもありそうですね」

――いっぱいあるぞ。アルバムはともかく、まずはこの頃の彼らの風貌からじゃ。

「いきなり風貌ですか」

――昨日も話したがな、レコーディングが活動の中心になったこの頃、彼らはひげを伸ばし、メガネをかけ、アイドルから完全に卒業した。アーチストに変貌したんじゃ。

「ひげ面に変わったんですね」

――メッセージその七一　入社して四、五年経てば、仕事が惰性になってくる人もいるかもしれない。そんな場合は、無理にでも自分を変えること。

「無理にでも『変わる』ってことか。ひげを生やす、茶髪にする」

――君たちサラリーマンにとって最も重要なメッセージの一つじゃ。覚えておくように。

「はい」

――スタジオにこもるようになったビートルズ、それはもう生き生きとしておった。悲惨なコンサートツアーとは大違いじゃ。彼らは遂に自分の居場所を見つけて、自分たちの意志で活動していく素晴らしさを発見したんじゃな。

「やりたいようにできますからね、スタジオの中では」

――メッセージその七二　『やらされている』という意識では、仕事は前進

しない。担当各人が自らの意思で取り組めるよう、上司は仕事の内容を調整することと。

「そうですね」

――彼らはそのうち明け方までスタジオでレコーディング、ってのが当たり前の姿になる。夜型人間となったビートルズはレコーディングに集中し、傑作を連発するようになった。

「強引なメッセージが来そうだ」

――メッセージその七三　各スタッフがどの時間帯に力を発揮するかをよく把握し、それをうまく仕事に活かすこと。

「なるほど」

――夜に強いスタッフもいれば、朝から絶好調なやつもいる。午後三時半過ぎからやけに元気がでるやつもいるし。

「いますか、そんなタイプは？」

――朝から晩まで同じ調子で働けったって、無理な話だからな。上司はそこをちゃんと理解することじゃ。

「そうですね」

——ではアルバム『サージェント』の曲について、少し触れよう。A面三曲目、ジョンの作品『ルーシーインザスカイウィズダイヤモンズ』。これはな、息子であるジュリアンが描いた絵を見たジョンが、インスピレーションを得て仕上げた曲じゃ。

「へえ」

——メッセージその七四　仕事が忙しくても、子供とはちゃんと会話すること。家に帰った時、子供が自分の描いた絵を見せてくれたなら『これは何の絵？』と聞いてあげよう。

「私も最近しゃべってないですね、息子と」

——アイデアに飢えていたジョンは、ジュリアンに『さあ、もっといろんな絵を描くんだ』って強要したらしいけどね。

「そんなアホな」

――もう一つエピソードがある。この曲は頭文字をとるとＬＳＤとなる。つまり麻薬のＬＳＤじゃ。『この曲はＬＳＤについて歌った歌だ』、なんて全くのこじつけともいえる非難の声があがってな、放送禁止になったりした。

「いい迷惑ですね」

――そんなこと言われたってな、ビートルズはデビュー曲からＬＭＤソング（ラブミードゥ）だからね。

「意味ないでしょ、それは！」

――二枚目のシングルはＰＰＭソング（プリーズプリーズミー）。

「頭文字とって遊ぶのはやめろ！」

――この時はピーターポールアンドマリーからクレームが入ったとか。

「うそつけ！」

――『ヘルプ』なんて、『うわー、Ｈな歌だあ』なんてほんとに言いがかりとしか思えないこと言われてたな。

「いいかげんにしなさい！」

――それから、アルバムラストの曲『アデイインザライフ』。これはな、ジョンの曲をベースに、ポールの手が加わったものじゃが、オーケストラを使用し、ラストにふさわしい終わり方をする凄まじい曲じゃ。わしはビートルズの曲の中でも、これが特に好きじゃ。

「聴いてみたいですね」

――そうじゃろ。

ラジカセにテープを入れると、ジョンの歌声が聞こえてきた。「アデイインザライフ」。

「確かにすごい曲ですね」

――アルバムを締めくくるにふさわしい曲じゃ。考えてみれば『ツイストアンドシャウト』、『トゥモローネバーノウズ』、そしてこの『アデイインザライフ』。彼らのアルバムの最後の曲には、ラストにふさわしい曲がちゃんと用意されておった。

「それは言えますね」

――それと同時にアルバム一曲目にもインパクトがある曲が多かった。リスナーをがっちりつかむことができる曲、『アイソーハースタンディングゼア』とか、『タックスマン』とか。一曲目、ラスト、更に言えば全部の曲順。ビートルズは配列の意味をちゃんと考えて、アルバムを制作しておったんじゃ。

「よくわかります」

――メッセージその七五　①プレゼン、スピーチの際には、メリハリのある構成を心がけること。特に始めと締めの言葉は大事。②オフィスの席順は意味を考えて決めること。入口に近い席にはかわいい子を、厳しい上司のそばには打たれ強いタイプを置くとか。

「またわかりやすい例を、ありがとうございます」

――『サージェント』から少々逸れてしまったかな。ところで『サージェント』にはな、アルバムの一番最後、曲が全部終わった後、当時はＣＤではなくレコードなんじゃが、このレコード盤の溝に、ある音が録音されておった。

「何ですか、いったい」

――それはな、犬にだけ聞こえる音なんじゃ。

「犬にだけ聞こえる音？」

――そうじゃ。

「いったいどうやって録音したんでしょうか」

――スタジオに犬を何匹か連れてきたってのは聞いたことある。

「ほんとですか？」

――ボス格の犬が何度か駄目出ししたらしくてな。

「うそでしょ」

――ジョージなんて、何度もかみつかれたらしいし。

「おい！」

――実験的なのが好きなポールは、『こうなったら全曲犬にしか聴こえないようにしたらどうか』って提案したらしい。

「誰が買うんですか、そんなレコード！」

——最後に一瞬だけ人間が聞こえるとこがあって。

「ふざけんな！」

——あるいはジョージにしか理解できないインド音楽が一瞬入ってるとか。

「訳わからんぞ！」

——では、その最後のシーンを聴いてみるかな。

「聴いてみましょうって、聴けないんでしょ、人間には」

——まあ見てなさい。

と言って先生は麻袋をガサガサと探し、まずは小さなレコードプレーヤーを取り出した。

「そんなものまで入ってるんですか」

——まだまだ。

先生は更に袋に手を突っ込み、ガサゴソとやったかと思うと、そのとき袋の奥のほうで
「ワン！」と吠える声がした。

「先生まさか」

なんと先生の手には、小さなマルチーズ犬が抱きかかえられていた。

「ドラえもんか、あなたは！　次から次へと袋からいろんなものを取り出して！」

――さて、聴くぞ。

先生は今度はＬＰ「サージェント」を取り出し、プレーヤーにセットした。そして「アデイインザライフ」の後半辺りから聴き始めた。

――さてこの辺りからじゃな。

曲が終わってレコード針が、中心部に近い溝の辺りにさしかかった。すると、先生の腕の中で、それまで黙りこくっていたマルチーズ犬が、いきなり「ワン！」と吠えた。

――見ろ！　ちゃんと聞こえてるぞ、こやつには。

「ほんとですか。なんか偶然っぽいですけどねえ」

――確かじゃ。なあ、ぼうず（と言って、マルチーズ犬の方をなでながら見つめる）。

「まあ、そういうことにしときましょうか」

――ここでメッセージじゃ（と言いながら、マルチーズ犬を袋に乱暴に投げ戻した）。

「せ、先生！　また袋に戻すんですか！」

——メッセージその七六　消費者は人間だけではない。広大なペット市場も視野に入れること。

「これまた強引ですね。ペット市場ですか」

——『サージェント』に関してもう一つ。この頃からスタジオにこもり始めた彼らだが、一曲一曲に費やす時間もそれまでとは異なり、それはそれは長い時間になってきた。

「昔は一日で何曲も録音完了してましたけどね」

——ジョンやポールがあまりにいろんなことを試そうとするから、リンゴが暇になってしまってな、この『サージェント』制作中にリンゴが待ち時間を使ってチェスを覚えてしまったのは有名な話じゃ。

「チェスをですか」

——実は将棋まで覚えたらしいんだけどね。

「誰とやるんですか！」

――『ジョン、王手飛車って知ってる?』

「聞かないだろ、そんなことは!!」

――では最後に『サージェント』のアルバムジャケットを見てみようか。

「はい」

先生はまた「サージェント」のLPを取り出した。

――これは恐らくポピュラー音楽史上、最も有名なアルバムジャケットだろうな。すっかり風貌が変わったビートルズを囲んで、歴史上、或いはショービジネス、芸術関連での有名人がバックに勢ぞろいしておる。

「へえ」

――日本からはガッツ石松さんが呼ばれておる(と言って、ジャケット左端に立つボクサーを指す)。

「違うでしょ!!」

――ここに福助もおる(と言って、今度はアルバム左下を指した)。

「おお、それはほんとですね」

――まあ、これは昨日から触れておるが、ビートルズのアルバムは曲だけじゃなく、そのジャケットも力作ぞろいじゃった。それだけでアートを感じさせる、強烈なインパクトを持つものばかりじゃ。**メッセージその七七　報告書の表紙は軽視せず、中身同様に、慎重に作成すること。**

「確かに最初に見る部分は重要です。ここに誤字でもあろうものなら、最悪ですね」

――ここで『サージェント』と同時期に制作、発売されたシングルにも触れておこうか。シングルとして最高のカップリングと賞されておる、『ペニーレイン』と『ストロベリーフィールズフォーエバー』じゃ。

「これもアルバムには入ってないんですね」

――さよう。『ペニーレイン』がポールの、『ストロベリーフィールズ』がジョンの作品なんじゃが、奇しくも二曲とも彼らの故郷リバプールを歌ったものじゃ。

「原点に帰ったってことでしょうか」

――メッセージその七八　たまには故郷に残した両親、友人たち、通学路、昔作った基地のことなどを思い返し、自分の原点を見つめ直し、初心を忘れないようにすること。

「そうですね」

――『ストロベリーフィールズ』はな、穏やかなスローなバージョン、パーカッションが派手に入ったハードなバージョンの二つが作られた。ジョンはどっちも気にいってな、最終的にジョージマーティンが、二曲をわからないように一曲に繋げたんじゃ。

「すごいですね」

――メッセージその七九　二つの案で悩んでいるのであれば、いいところを互いにとりいれて一つにすることを考えること。

「折衷案ですか」

――こんな風にシングル、アルバムともに傑作が誕生した、そんな一九六七年前半だな。

「一気にレベルアップした感がありますよね。しかし当時の人はついていけてたんでしょうか。ちょっと前まで『シーラブズユー』やら『抱きしめたい』ですからね」

——どうじゃろうな。例えば当時タイガースの沢田研二は『最近のビートルズは難しくてよくわかんないな』なんてミュージックライフ誌にコメントしておる。

「それが正直なところだったんじゃないですか、当時のファンの」

——一方、これまた当時タイガースの村山実は『最近のジャイアンツは強すぎてこのままじゃ九連覇しちゃいそうだな』なんてデイリースポーツにコメントしておる。

「関係ねえぞ！　しかもそんなコメントしてねえだろ、村山さんは！」

——武道館で競演したドリフは『サージェント』を聴いて、『音楽じゃかなわないや』って、お笑いに走ったらしいよ。

「それまでビートルズと本気で勝負しようとしてたのかよ！」

——それを聞いたビートルズは『なら俺たちもお笑いに』って真剣に考えたとか。

「考えないっつうの！」

——とにかくこの変貌ぶり、これこそが、解散以降もビートルズが数多くのファンを魅了し続ける理由の一つじゃ。

「バラエティに富んだいろんなことをやったからってことでしょうか」

――そうじゃな。こんなグループは他にいないからな。この点は最後にも少し触れよう。

「はい」

――さて『サージェント』の大成功の後も、彼らは休まず曲の制作に取り組んでいく。

「そこでも休まないってとこがまたすごいですね」

――ウサギとカメでいうところの、ウサギが昼寝もせずにずっと走り続けるって感じだな。カメは永遠に追いつけない。

「なるほどねえ」

――ここでいうカメは、そうじゃな、ストーンズとかじゃ可愛そうだから、その名の通り『タートルズ』とでもしとこうか。

「いるんですか、そんなグループが」

――『ハッピートゥゲザー』は名曲だぞ。

「はあ」

——ビートルズが次にやったことは、『アワワールド』というTV番組への出演じゃ。

「アワワールド」

——『泡』じゃないからな。

「わかりますよ！　『泡ワールド』って、そんなタイトルの番組変でしょ！」

——TV東京の深夜番組みたいだよね、それじゃあ。

「そうでしょ！」

——OUR WORLDじゃな。これは全世界に衛星放送で同時中継されるというスペシャル番組でな、ビートルズはイギリス代表としてこの番組に出た。そこで歌った曲こそ、『オール ユー ニード イズ ラブ』じゃ。

「ラブ、ラブ、ラブって歌う、有名な曲ですね」

——既にツアー活動を停止した雰囲気が漂う中、久々に動くビートルズが見られるということで、世界中のファンがこの番組を楽しみにしてたな。

「そうでしょうね」

——そんなファンをからかいたくなったビートルズは『じゃ、全く動かずにじっとしてるか』って考えてね。

「うそつけ！」

——この番組への出演が決まると、彼らは番組用の曲の制作に本格的に取り組んだ。そしてジョンが遂にふさわしい曲を書き上げたんじゃ。

「そんな番組出演なんて嫌がりそうな気もしますけどね」

——ブライアンが出演手配したのかな。まあ、それでもメンバーは番組出演の重要性をちゃんと認識しておった。役目を果たせるのは自分たちしかおらんと自覚し、やるべき仕事をここでもちゃんとやった、ってことじゃ。

「メッセージっぽいですね」

——メッセージその八〇　自分の担当業務については、常に当事者意識を持つこと。『会社でこれをやっている担当者は今自分しかいない』ということを

忘れず、無責任に仕事に取り組まないように。

「そうですね」

――当事者意識、これは忘れちゃならん言葉じゃ。

「はい」

――次のトピック。これは少々悲しいことじゃ。この年の八月、マネージャーのブライアンエプスタインが突然死んでしまう。原因は睡眠薬の大量摂取による事故死と言われておるが、自殺説もある。真相は不明じゃ。

「ここまで来たのもブライアンの導きがあってこそですからね。メンバーはショックだったでしょう」

――全員ショックに打ちひしがれてしまったよ。デビュー前からの付き合いだからな。

「そうですよね」

――それでもな、彼らはミーティングをして今後どうするかについて話し合った。そして『何かやらなきゃ駄目だ』と考え、すぐに活動を再開するんじゃ。その活動が、TV映画

『マジカルミステリーツアー』の制作じゃ。

「TVとはいえ、久々の映画制作ですか」

——今度は監督から脚本まで、全部自分たちでやるっていう野心溢れるプロジェクトじゃ。

「へえ」

——元々のコンセプトはな、ビートルズを含む出演者全員が一台のバスに乗り込んであてもなく走り回り、そこでのハプニングを撮影していこうっていうものじゃった。

「面白そうですね」

——行き当たりばったりでイギリス中をバスでまわってな、気づいたらいつのまにかインドに着いていた。

「インドまで行くのかよ!」

——まさに幻の夜行バス、デリー・ロンドン便、ここにあり。

「深夜特急か!」

——メッセージその八一　行き詰まった時には、街を歩き回ろう。街は様々

なヒントに満ち溢れている。アイデアが見つからなくとも、少なくとも気分転換にはなる。

「まあ、そうですけど」

――このＴＶ映画にも何曲かいい曲が含まれておる。重視したいのはジョンの作品、『アイアムザウォルラス』じゃな。サイケ色満載の曲。まさにジョンの真骨頂じゃ。

「へえ」

――ちなみにこのＴＶ映画自体は評判が今ひとつでな、ビートルズ初の失敗作なんてマスコミからこき下ろされた。

「そうなんですか」

――まあ、もともとストーリーがあるわけじゃないから、わかりづらいことは確かなんじゃ。最後は突然階段でみんなでダンスだからな。訳わからん。

「そりゃそうですね」

――日本で上映されたときは、どのチャプターが最初かわかんなくて、順番無茶苦茶で上映されたらしい。

「そりゃ観客もますます訳わかんないですね」

――最初はいきなり四人が原っぱでかけまわって遊んでるシーン。

「それは『アハードデイズナイト』の一シーンでしょ！」

――そうしたら、突然『第九』が好きなトラが現れて。

「『ヘルプ』です、それは！」

――いつのまにか、そこには万華鏡を持った女の子も。

「訳わかんねえぞ！」

――さて、そんな訳でと。この映画で一九六七年も終わりじゃ。この年、もうどこにもアイドルだったビートルズはいない。いるのはひげ面のおっちゃんたちだけじゃ。

「おっちゃんって表現はやめてください」

――しかしよく考えるとな、最年長者のジョン、リンゴでさえこの時二七歳、ジョージに至ってはまだ一四歳なんじゃな。

「二四歳でしょ！」

――まだまだ若いんじゃ、四人とも。それがあの風貌だよ。信じられんな、やっぱり。

「三〇代、四〇代でもおかしくないですよね、風貌も、それからやってることも」

――それだけの速度で成長しとったんじゃな。これが結果的にビートルズの崩壊を招くことにもなるんじゃが。

「成長したが故に、ですか」

――さよう。ではこの年はこの曲で締めようか。曲はもちろん、『アイアムザウォルラス』。

「待ってました」

余談その⑦　散髪

会社そばに、安価な理髪店がある。華麗なはさみ捌きを見せる理容師は、なぜかおばちゃんばかり総勢約一〇人。安価以上に私が気に入ってるのは、とにかく速いこと。二〇分程度で全て完了。私もよく昼休みに利用しては、オフィスに戻って「何、昼休みに髪切ってんだよ！！」などと突っ込まれたりしている。サラリーマンにとって子供時代と変わらぬこと、その一つが散髪した後の気恥ずかしさであろう。自意識過剰の私は、必ず赤面してオフィスに入っていく。それほどに髪型が外見に与える影響は男性、女性に関わらず大きい。髭など生やそうものなら、それはもうなお更である。一九六七年。ビートルズはアイドルの風貌を卒業し、一気に髭面となった。ジョンは珍妙な丸メガネまでかけ始めた。オフィスでも素敵な男性社員が突然髭など生やし始めたら、女性社員は揃って「やめなよ、その髭。全然似合ってないよ」などと忠告するだろう。世界中の女性ビートルズファンも、この年はそんな心境だったのだろうか。しかしそれでもビートルズはわが道を突っ走った。赤面もせず、堂々とその髭面を世間に見せつけた。これがほんとの姿じゃ！とでも言うように。

◆二時間目 「一九六八年 ホワイトアルバム」

――一九六八年。この年のキーワード、これはインドと『ホワイトアルバム』じゃ。

「インドと『ホワイトアルバム』」

――さよう。この年、まず彼らはインドに行き、山奥で修行する。瞑想修行じゃな。それから帰国後、通称『ホワイトアルバム』と呼ばれておる二枚組の大作を発表する。そしていよいよ、崩壊の匂いが強く感じられるようになるのも、この頃からじゃ。

「なるほど」

――さてインドじゃ。ビートルズの連中は、一九六七年頃から、マハリシヨギという人物が唱える超越瞑想というのに惹かれるようになった。

「超越瞑想」

――まだ二〇代でありながら、短期間で世界の頂点を極めたビートルズ。ブライアンが死んでしまったこともあり、彼らには何かすがるものが必要だったんだと思う。そこにマハリシがタイミングよく現れたんじゃな。

「ふむ」

――このマハリシが開く学校がインド北部にあってな、メンバー全員、家族と一緒にそこに行って、朝から晩まで瞑想を学ぶことになった。

「移り住んだんですね」

――インド瞑想に関して早速メッセージじゃ。**メッセージその八二　日々のストレスは軽視できない。たまには全てを忘れ、頭の中を空っぽにすること。**

「頭を空っぽにか」

――そんなことせんでも頭は空っぽかな。

「大きなお世話ですよ！」

――このインド訪問じゃが、マハリシに失望したこともあり、結局はみんなイギリスに戻ってくる。そこからじゃ、彼らが『ホワイトアルバム』のレコーディングを始めるのは。

「『サージェント』に続くアルバムってことか。確か二枚組っておっしゃいましたよね」

――二枚組、全三〇曲収録じゃ。このレコーディングは半年近く続く、長いものになった。ビートルズ活動後期のレコーディング時代を象徴する時期と言ってもよい。

「はい」

――この頃のレコーディングはすさまじいことになってくる。

「すさまじい」

――個人個人が成長し、好きなようにやりたくなる。そうなると、他のメンバーが邪魔になったり、或いは他のメンバー。スタッフの技量に不満を持ったりするようになる。それまでにはなかった口論や争いが頻繁にスタジオで見られるようになるんじゃ。

「まあ、それぞれがいいものを作りたい一心だったたってことですか」

――そういうことじゃ。その結果できたアルバム、それがこの『ホワイトアルバム』じゃ。ちなみにこの『ホワイトアルバム』ってのは通称で、正式なアルバム名は実は『ザビートルズ』というんだな。

「ザビートルズ」

――そうじゃ。通称からおわかりの通り、アルバムジャケットは真っ白のものじゃった。真っ白にして、題名は自分らのグループ名、『ザビートルズ』。敢えて『サージェント』までの自分たちを全消去して、新たに『お前らこれがビートルズじゃ！文句あっか！』って意気込みだったんだろうな。

「和田アキ子みたいですね」

――収録された曲は、これまで以上に各メンバーの色が濃く出たものになっておる。しかし、それはそれで傑作ぞろいだよ。喧嘩しながらも、結局素晴らしい作品群を生み出したんじゃや、ビートルズは。

「なるほど」

――いくつか曲について語ろうかの。

「はい」

――ジョンの曲で『レボリューション1』という曲がある。これを録音する時に、ジョンは自分のボーカルの雰囲気を違うものにしようと、床に寝転んで、マイクを天井からぶら下げて録音したそうじゃ。

「すごい格好ですね」

——寝転ぶ、ということに新鮮な価値を見出したんじゃな。**メッセージその八三　たまには保養所か温泉にでも行って、たたみに寝転びながら上司と腹を割って話をしてみること。**

「うわあ、またまた強引なメッセージだあ」

——更にジョンは天井から自らぶら下がってボーカルを録音したりもした。

「うそでしょ、そりゃ」

——検討したのは本当らしいよ。それから嫌がる年下のジョージを天井からぶらさげてギター弾かせてみたり。

「いじめか！」

——リンゴは逆立ちしてドラムたたこうとしてたね。

「サーカスじゃないんだから」

――ポールの曲、ビートルズナンバーの中で最もハードロックしてる『ヘルタースケルター』というのもある。後にU2やオアシスもカバーした名曲じゃ。この曲の最後の部分に、リンゴが『(ドラムを強く叩きすぎて)指に豆ができた!』って叫ぶ声が入っておる。

「へえ」

――メッセージその八四　苦労を重ねた複雑なエクセル資料ができあがった時には、『やっとできたよお!!』と叫んで、自分をねぎらおう。

「何かをやり遂げたら素直になると」

――このリンゴの叫び声の更に後には、プロデューサーのジョージマーティンが『(音がうるさすぎて)耳にたこできた!』と叫ぶ声も入っている。

「入ってねえだろ、そんな声は!!」

――それから『ヤーブルース』って曲も収録されておる。最近リンゴがカバーしたが。

「リンゴが?」

——椎名林檎じゃよ。

「ややこしいよ！」

——この曲は、メンバー全員が、お互いの体が触れ合うような狭い部屋に無理して入って、そこで録音したそうじゃ。そのタイトな雰囲気が音に影響すると考えたんじゃな。

「なるほど」

——反対にものすごく広ーい部屋で録音しようとしたりしてね。互いが見えないくらいの広さの。

「どんな部屋だよ！」

——『おーい、ポール！　見えるう？　俺、ここにいるよお！』。

「そんなに広いのか!!」

——『リンゴー！　聞こえねえぞお!!』。

「そんなんじゃ録音できないだろ！」

——このアルバムではジョージも頑張っておる。『ラバーソウル』辺りからやつも、ジョン、ポールに肩を並べるくらいのレベルに達してたんじゃが、『ホワイトアルバム』ではな、『ホワイルマイギタージェントリーウィープス』っていう傑作を書き上げた。

「いい曲ですよね、あれは」

——この曲のリードギターを弾いとるのがな、ジョージの親友、エリッククラプトンじゃ。

「そうですね」

——曲を発表できるというチャンスを与えられたジョージが、親友の力を借りながら、とうとう一つの傑作を生み出したってことじゃな。**メッセージその八五　①新人に対しても、徐々に仕事を与え、彼らの力が発揮できる場を与えること。②若いうちにチャンスを与えられたなら、社外の親友の知恵を借りてでも、良い結果を目指すこと。**

「若いスタッフにもチャンスを与えること、そして与えられたらそれを活かすこと、か」

——アルバムの一曲目、これはポールの作品で『バックインザＵＳＳＲ』という、軽快なロックナンバーじゃ。これはまず曲を聴いてみようか。

「はい」

先生は相変わらずのパディスコのラジカセに、マクセルのテープを入れた。飛行機の音と共に「バックインザUSSR」が始まった。

――どうじゃ、この歌を聴いて、何か気づかんかね。

「いい曲ですよね」

――これはな、あるグループのコーラスを完全にパロッているんじゃ。

「コーラス?」

――これはな、当時米国でビートルズと張り合っておったグループ、ビーチボーイズのパロディなんじゃな。

「そう言われれば」

――しかも題名が『バックインザUSSR』。チャックベリーの名曲『バックインザUSA』のこれまたパロディーじゃ。

「絶頂期のビートルズが敢えてお笑い系の曲をアルバムトップに持ってきたのか」

――そこがビートルズのすごいところじゃ。**メッセージその八六　仕事は楽しくやろう。消費者にもその雰囲気は伝わる。**

「昨日のメッセージにもありましたが。笑いは基本ですね、やっぱり」

――次はこのアルバムと同時期に制作されたシングルじゃ。これは『ヘイジュード』、『レボリューション』のカップリングで、彼らにとって最も売れたシングルとなった。

「へえ」

――この頃、ジョンはオノヨーコと本格的につきあい始めていた。妻のシンシアとは離婚することになるんじゃな。そこでジョンの一人息子のジュリアンを励まそうと、いわばお父さんの仕事仲間であるポールが曲を作った。この曲こそ『ヘイジュード』じゃ。

「有名な話ですよね」

――**メッセージその八七　上司の息子が受験勉強にがんばっているのなら、合格祈願のお札でも贈ること。間違ってもオフィスで『常務、今のしゃれはすべりましたね』なんて言わないように。**

「家族ぐるみのつきあいか。なかなかそうはいきませんけど」

――ビートルズは家族ぐるみでつきあっておったぞ。話が逸れるけど、休みには家族同士で一緒に南の島に行ったりしてたりしてな、交流を深め合っておった。それが仕事の充実に繋がったともいえるんじゃ。

「へえ」

――メッセージその八八　たまには休日に、スタッフ全員で、家族も呼んでバーベキューでもやろう。課長の奥様はこんなにきれいな人だったのか、息子はこんなに生意気なガキなのか、ということがわかるだけで、一層スタッフ間の結束は強くなる。

「確かにそうですけど」

――『ヘイジュード』に戻ろうか。この曲は七分を超える大作じゃ。当時のシングルとしてはあまりに長すぎて、反対意見も多かった。前例がないとしてな。

「エンディングが延々と続きますよね」

――ビートルズは『前例ないなら自分たちで作り出そう』くらいの意気込みで、発売に踏み切った。結果は大ヒットシングルの誕生じゃ。

メッセージその八九　①常識にとらわれず、新しいパターンに挑むこと。②長すぎるスピーチはまずい。しかし構成を大きく二つに分け、後半は自分だけがしゃべるのではなく、聴衆も参加してどんどん盛り上がるような、そんなスピーチなら別だ。

「どんなスピーチですか、いったい！」

――最後は会議室でスピーカーも含めてみんなで肩組んでね。『そうだ、そうだ！』、『やろう、やろう！』って。歌まで歌ったりなんかして。

「酔っ払いの騒ぎか！」

――最初のメッセージ。常識にとらわれないこと。これも大事じゃぞ。

――さて、長いレコーディングを経て、一九六八年一一月、『ホワイトアルバム』は発売された。ジャケットはさっきも触れたがな、真っ白けじゃ。これを見るがよい。

先生は「ホワイトアルバム」のLPジャケットを取り出した。

「ほんとだ、白いですね」

——この頃はな、前年の彼らのアルバム『サージェント』の影響でサイケデリックな雰囲気満載の、派手なジャケットが世間に出回っとった。ビートルズはその流れの完全に逆を突いてな、こんな真っ白なジャケットにしたんじゃや。

「なるほど」

——メッセージその九〇　安易に流行に流されないこと。色シャツが増えてきたら真っ白なワイシャツを着よう。みんながベルトをしているのなら、サスペンダーをしよう。いつも個性的であれ。

「サスペンダーは目立ちますね、確かに」

——『ホワイトアルバム』はこのくらいじゃが、ついでにここで後期レコーディング時代に関する話をいくつかするか。

「はい」

――これは翌一九六九年のことなんじゃが、ジョンが『ジョンとヨーコのバラード』って曲を作った。ジョンはすぐに録音したかったが、ジョージとリンゴがつかまらなかったんじゃな。するとジョンはポールを誘って、二人でスタジオに入り、全部の楽器を二人でこなして曲をあっという間に仕上げたんじゃ。

「それはすごい」

――メッセージその九一　①いい案件なら、じっとしておらずすばやく行動すること。②必要に迫られれば、担当外のこともこなせる。上司もコピー、ファイリング、シュレッダー、お茶だし、何でもできる。

「そう、そう」

――それから、こんなこともあった。ある日、スタジオにこもりっぱなしのジョンが、突然気分が悪くなった。そんなジョンを見たジョージマーティンは、スタジオの屋上にジョンを連れ出し、星空を見上げながら気分転換させたそうじゃ。

「へえ」

――メッセージその九二　室内にこもりっぱなしでは、仕事も行き詰まる。たまには外の空気を吸うこと。

「ほんとは星空でも眺めたいところなんですが。東京じゃまず無理ですね」

――池袋のプラネタリウムにでも行くんじゃな。

「プラネタリウムかよ!」

――更にもう一つ。『ホワイトアルバム』の頃には、特にポールやジョンのレコーディング技術についての知識が増え、自分たちで仕切りたがるようになってきた。とは言え、まだまだ大きかったのが、ジョージマーティンの役割じゃ。

「そうでしょうね」

――例えばジョンはな、何となくのイメージで曲を『こうしたい』っていう希望をよく言うんじゃ。『バロック調の感じで弾いて』とか『サーカスの雰囲気で』とか『高僧が説教してるような雰囲気で』とかな。

「訳わかんないですね」

——ジョージは『カレーの匂いがする感じ』って要求したり、リンゴは『指輪がジャラジャラいう感じで』って希望したり。

「うそつけ！」

——ジョンの訳わからない要求。ただな、イメージを持つってことは大切じゃ。そしてジョージマーティンこそが、アレンジを工夫して、そんな要望を実現したんだな。彼の尽力なくては、後期の傑作も生まれなかった。

「なるほどね」

——メッセージその九三　目指す物を明確にイメージしながら仕事は進めること。そして上司はそのイメージを『訳わからんぞ』などと否定せず、具現化に的確なサポートをすること。

「イメージを持つこと、そしてそれを上司が実現に導くってことですね」

——さて、こんな調子で一九六八年も終わる。メンバーが成長し、徐々に軋轢も生じるようになってきた。みんなもっと自由に、自分が好きなようにやりたくなってきたんじゃな。

この状況で一九六九年に突入じゃ。いよいよビートルズにも終わりが来るぞ。

「来るべくして、って感じですね、こうやって足跡をじっくりたどってくると」

――最後に一つだけ触れておくか。これは混乱する話だから、簡単に説明するが。

「はい」

――ビートルズはこの頃、自分たちで会社を立ち上げたんじゃな。

「自分たちで会社を?」

――会社は『アップル』と名付けられた。レコード販売、ブティック経営、映画制作、新人アーチストの育成その他、あらゆることをやってやろうっていう会社じゃ。

「すごいですね、そりゃ」

――彼らのこの頃の野望は大きかったからな。しかし結局はビジネスの素人だったんじゃ、彼らは。予算管理は誰もせず、彼らにつけこんで金を巻き上げようなんて連中が次々と現れ、あっという間にメンバー全員が混乱の渦に巻き込まれていった。

「予算を管理せず、ですか」

――この『アップル』の混乱がメンバー間の亀裂に更に拍車をかけ、解散の遠因ともなる。

「金銭が絡むトラブルでみんな自分しか見えなくなったんでしょうか」

――メッセージその九四　①コスト意識は常に忘れずに。コピー紙一枚、会議室の電気、トイレットペーパー一回転分、どんな些細なものも無駄に使わないこと。②副業、わき道にそれる場合でも、常に本業重視で行くこと。

「自分たちができないことまで手を広げてしまったってことですね」

――では最終章に突入する前に一曲聴こう。敢えてマイナーな曲にするか。この年公開された映画『イエローサブマリン』に収録された曲で『ヘイブルドッグ』。

「はい」

――おっと、その前に、この曲でまたメッセージを思い出した。ま、聴いてもらえばわかるがな、この曲のイントロは無茶苦茶かっこいい。

「無茶苦茶」

――そう、無茶苦茶かっこいい。こんな風にイントロがかっこよくて印象的な曲は、この他にも一杯あるよ。

「『デイトリッパー』とか」

――『アハードデイズナイト』の出だしも強烈じゃ。『アイフィールファイン』、『チケットトゥライド』のイントロもそうじゃな。こうして考えるとジョンの曲が多いけど。

「そうですね」

――ついでに言うと、イントロがかっこいい曲もあれば、いきなりボーカルで始まる曲も多かったぞ。例えば『オールマイラビング』、『ヘルプ』、『ノーリプライ』、『ヘイジュード』。

「数え切れないですね」

――メッセージその九五　つかみは大事。スピーチ、交渉の際には、最初の三〇秒で相手を捉えよう。では、聴いてみようかの。『ヘイブルドッグ』。

「はい」

余談その⑧　インド

インド北部の小さな街、リシケシュ。一九六八年、この街にとって、後にも先にも恐らく世界一有名なゲストとなる一団が訪れることになった。ビートルズ様御一行である。ガンジス川ほとりの渓谷に位置するこの秘境に、彼らは長期滞在し、超越瞑想を学んだ。ところで、そのインドに出張するジャパニーズビジネスマンが最近多いと聞く。かく言う私も、既に二回ほど出張した。行く前には先輩社員から様々な忠告を受けたものだ。「絶対に水は飲むなよ。空港に着いた途端にカレーの匂いがするから驚かないように。そうだな、インスタント雑炊は持っていったほうがいいな。生野菜は食べちゃ駄目。街中いたるところにいる牛には敬意を持って接すること。ホテルはよく停電するから懐中電灯は必需品だぞ」。どれもふざけ半分の忠告かと思っていたが、実際その通りの国だった。そして私は、出張中ムンバイのホテルで、何故か無性に「ホワイトアルバム」が聴きたくなったのだった。次回は必ず持っていこう。

◆三時間目　「一九六九年、一九七〇年　アビーロードで解散」

――いよいよ最終章じゃ。最後の最後までいろんなメッセージを放っておるからな、ビートルズは。そのつもりで講義終了まで頑張るように。

「はい」

――『ホワイトアルバム』を一九六八年暮れに発表したビートルズ。メンバー間の緊張は高まるばかりであったが、一九六九年早々すぐに活動を始めた。

「解散が近いというのに、しかし、休みませんね、彼らは」

――まず彼らは『ゲットバックプロジェクト』に突入した。これはな、名前の通り、『ゲットバック』じゃ。

「は？」

――おうちに帰ろう、ってことじゃな。

「おうち？」

——中期の『ラバーソウル』辺りから、彼らの曲風が大きく変わってきたのは説明した通りじゃ。多重録音やら、奇妙なアレンジを加えたりしてな。

「そうですね」

——ま、それはファンにとっても受け容れられたんじゃが、ここでビートルズは考えた。おうちに帰ろうって。

「どういうことでしょう」

——もう騒々しい都会には愛想が尽きた。リバプールに帰ってのんびり暮らそうってな。

「そうなんですか？」

——都会ねずみと田舎ねずみじゃよ。やっぱり田舎の娘がいいよって。

「何訳わかんないこと言ってるんですか！」

——つまりな、デビュー当時の一発演奏に戻ろうとしたんじゃ。

「そういうことか」

――信じられないような大成功、富も名声も手に入れたビートルズ。しかし、ビートルズであることに矛盾やら苦痛やらを感じることが増えてきた。ツアーをやめちまうなんて決断も、彼らの苦悩の一例じゃな。『ホワイトアルバム』制作の頃には、あれだけ結束が強かったメンバー間に溝が目立つようになってきた。

「みんな大人になったってことでしょうか」

――ここで彼ら、特にポールが考えた。『俺たちは初心を忘れちまったんじゃないのか。初心を思い出せば、昔のようにやれるかも』ってな。そこでデビュー当時のように余計なアレンジなしの全て『一発演奏』でニューアルバムを作ることにしたんじゃ。

「それが『ゲットバック』プロジェクト」

――**メッセージその九六　入社一〇年、行き詰まって来たら、故意に昔に戻ってみること。パソコンも使用禁止。昔ながらに手書きで、消しゴム、定規、そろばんを使う。いかに今恵まれているか、よくわかる。**

「ビートルズもデビューして一〇年近く、初心に戻る、ってことか」

――しかしな、悲しいかな、メンバー間の対立はそれでもやはり隠すことができなかった。自分が作った曲は全て自分がやりたいようにやる、って考えが益々強くなってな。他のメンバーの技量に対する不満が目立つばかりだった。

「なるほどね」

――この時の状況はフィルムに撮影され、ビートルズ解散後に映画『レットイットビー』として公開されるんじゃが、その中にもな、メンバー間の生々しい濡れ場がそのまま撮影されておる。

「濡れ場かよ!!」

――さっきも触れたが、この頃のビートルズを指揮しようとしていたのはポールじゃ。彼がアイデアを次々に打ち出し、他のメンバーは渋々それに従うって感じだった。

「ポールですか」

――そんなポールとジョージが口論するシーンがそのまま撮影されておる。ジョージのギターテクニックを巡ってな。

「もっとちゃんと弾けよって感じですか」

――『ジョージ、あいかわらずうまいなあ、お前のギターは』って。

「褒めてんじゃゃん！　口論じゃないじゃないですか」

――いや褒め殺しだよ。『なんでそんなにうまいの？　エリックもかなわないねえ』。

「うそつけ！」

――『よっ、日本一！』

「日本かよ!!」

――まあ、ポールが自分の曲で、自分のイメージどおりにジョージにギターを弾いてもらいたかったんだが、それが『俺の言う通りにこう弾け！』ってな感じになっちゃってね。

「そりゃ怒りますよね、ジョージも」

――そんな風に険悪な雰囲気になってきたとき、ジョージは考えた。メンバーみんなが知ってるミュージシャンをゲストで招こうとな。そうすれば雰囲気も和むんじゃないかと考えてね。そこでキーボードプレーヤーとしてビリープレストン、これはメンバー共通の昔からの友人なんじゃが、彼がスタジオに招かれた。

「ビリープレストンですか」

――そんなビリーなんだけど、招かれた意味をよく理解せず、メンバー間のけんかを一層あおったりしてね。

「招いた意味がないじゃないですか！」

――『ジョージ、さっきトイレでポールがまた君の悪口を言ってるのを聞いたよ』。

「告げ口してどうすんですか！」

――『調子に乗ってリンゴまで言ってたよ』

「言わねえよ‼」

――温厚なビリーが来たことによってな、メンバー四人は急に『いい子』になってな。結束が強まったみんなは、演奏も生き生きとした素晴らしいものになっていった。

「『ゲットバック』のあの印象的なピアノもビリーなんですか」

――そうじゃ。**メッセージその九七　課の中で、喧嘩が絶えない時には、外部**

から『ヘルプ』を呼んでみよう。あくまで短期間、年少者とか女性であれば、なお効果が期待できる。それでも喧嘩が続くなら、解散すること。

「『解散すること』って、先生」

――さて、そんなプロジェクトを総括する意味で、ポールは昔のようにコンサートを開こうと提案した。

「一発演奏で新曲を披露しようとしたのか」

――しかし、なかなか調整がつかず、結局コンサートはあきらめて、彼らのオフィスである『アップル』ビル、これはロンドンのリージェントストリートそば、かなりの中心部にあったんじゃが、そのビルの屋上で、演奏をすることにした。

「それがかの有名なアップル屋上での演奏ですね」

――数年間スタジオにこもっていたビートルズが突然ロンドンのど真ん中で、しかも真昼間に演奏し始めるんじゃからな、もう大騒ぎじゃよ。

「そうでしょうね」

——どんどん群衆がビルの下に見にきてね。

「へえ」

——スーツ姿でビルの壁によじ登ろうとする会社員がいるわ、アップルビルの下の方を崩して屋上を地上に近づけようとする訳のわからない輩はいるわ、それはもう大混乱。

「何やってんだ、そいつらは！」

——しかしアップルビルでよかったぞ。せいぜい五階か六階だてだからな、あれは。

「そんなに高くないんですね」

——これがものすごい高層ビルだったら、屋上でやったところで誰も気づかなかっただろうねえ。かすかーに上空から『ドントレットミーダウン』が聞こえてきたりしてな。『おいビートルズじゃねえか?』『まさか』『そうか、そんなわけねえな、はっはっは』ってそのまままみんな歩き去ったりなんかしてね。

「想像しすぎです、先生！」

——ともかく突然の出現で、ファンはびっくりじゃ。またしてもビートルズの株があがっ

たよ。メッセージその九八　出張、病気の後、久々に出社する際、意外なところから出現して、注目を浴びてみよう。朝礼で訓示する専務の背後から現れるとか、トイレの個室からスーツケースとともに『ただいま戻りました』と汗をふきながら出てくるとか。

「何の意味があるんですか、そんなことして！」

――さて、この時の演奏の終盤になると、あまりに周辺が混乱するから警官がアップルビルに押しかけてきた。屋上まで来て、演奏を止めさせようとするなんて一幕もあったよ。

「大騒動ですね」

――警察。権力の象徴じゃ。そんなものへの反骨心から出てきたのがビートルズじゃ。彼らは警官を完全に無視。ポールは警官に向かって『ゲットバック』を熱唱したんじゃ。

「おうちに帰れと」

――すると、それを聞いた警官たちは『そうだな、帰るか』『こんな警備やめやめ。故郷に帰ろう、故郷に』って、言いながら、ぞろぞろおとなしく引き上げていったらしい。

「うそつけ！」

——警官たちは彼らを逮捕寸前のところまでいった。しかしビートルズは、邪魔者は無視してノッてきた演奏を続けたんじゃ。その結果、素晴らしい演奏となったんだな。

「なるほどねえ」

——**メッセージその九九　仕事が進んでいるとき水を差す邪魔者は、あっさり撃退すること。残業中、仕事がはかどっているときにラーメン屋が『塩、みそ、チャーハンありますよ』と売り込みにきても、冷たく無視だ。**

「確かに」

——こうしてなんとか無事に屋上での演奏は終わった。最後にジョンは得意のジョークで『オーディションにパスできるといいな』なんて言ったりしてね。

「さすがジョン」

——残念ながら、またしても落ちちゃったんだけどね。

「落ちたのかよ！」

――このアップル屋上のセッション、ビートルズとして人前で揃って演奏したのはこの日が最後になるんじゃ。

「そうなんですか」

――一九六九年一月三〇日じゃ。

「まさか、久々に日付が」

――『これが最後の林檎(アップル)じゃ、一休(一九)、食い去れ(九一三〇)！』

「強引ですねえって、六が抜けてますよ、先生！」

――『一休(一九)、一苦労(一九六)じゃがそれを食い去れ(九一三〇)！』

「今度は一九が余分ですよ！」

――どうしろっていうんじゃ、わしに!!

「逆切れしないでください！」

――さてと、ここで久々に映像を見ようか。

「そうしましょう、そうしましょう」

――このときの屋上コンサートからにするかな。これは後にアルバム『レットイットビー』にも収録された、『ワンアフター909』という曲じゃ。

先生はビデオデッキにテープを入れた。映像スタート。

「ほんとに一発演奏ですねえ」

――ちなみにこの曲は、デビュー直後に一度録音したがボツになった古い曲じゃ。彼らはそんな古いのを引っ張り出して、そこにあるいいものを見つけ出したんじゃな。

「なるほどね」

――メッセージその100　昔作成した資料をたまに見てみるのもよい。未熟な内容でも、思わぬヒントが盛り込まれている場合がある。ただしずるずると昔の社内報まで引っ張り出して『いやあ、みんな若かったなあ』なんて感慨に耽るのはやめること。

「昔の資料か」

――さてと、ゲットバックプロジェクトはこんな風に進んでいったんじゃが、結局途中でずるずると終わりになってしまう。

「アルバムも出さずに」

――中途半端にプロジェクトを終わらせたビートルズ。もうこれで全ておしまいか、なんて考えがこの頃の四人の頭にはあったと思うよ。ただ彼らは曲を作ることが好きだった。その時点ではやめることができなかったんじゃな。

「このまま終わりじゃ納得いかないって感じでしょうか」

――ポールはプロデューサーのジョージマーティンのもとに行って、こう言ったんじゃ。『もう一回ちゃんとアルバムを作りたいから、プロデュースしてくれ』ってね。

「なるほど」

――それを聞いたジョージマーティンはこう答えた。

「はい」

――『やーだーよー』って。

「ガキか！」

――ジョージマーティンはな、『昔のようなスタイルでやらせてくれるんだったら、喜んでやるよ』と言った。

「へえ」

――ジョージマーティンはこう指示したよ。『ボーイズ、まずはひげをそるんだ。それから散髪してさっぱりしてきなさい』って。

「そんなこと言わないでしょ！」

――こうして彼らはラストとなるアルバムを作りはじめた。これこそ、最後にして最高の傑作とも賞されておるアルバム、『アビーロード』じゃ。

「はい」

――ビートルズ以外の個人活動が目立ってきた時期ではあるが、四人は目立った争いをすることもなく、曲を作り上げていった。その結果、解散寸前のバンドとは思えないような、名曲が次々に生まれることになる。

「このアルバムにはどんな曲が入ってるんですか」

――この頃にはな、ジョージの才能が満開となった。

「桜みたいですね」

――散るのも早かったけどね。

「散ったのか!!」

――それは冗談。ジョージはビートルズ解散後に『オールシングスマストパス』という傑作アルバムを発表、メンバーで最も早くソロキャリアでの成功を手に入れることになる。

「へえ」

――それはさておき。この『アビーロード』に、ジョージは初のシングルにもなった『サムシング』、それから『ヒアカムズザサン』という名曲を収録した。

「その二曲知ってますよ。ジョンとポールの曲に比べても全く見劣りしないですよね」

――それからジョンが『カムトゥゲザー』、リンゴも『オクトパスガーデン』という名曲を書いた。

「へえ」

――更にアルバムのB面にはな、短い曲が次々とメドレー形式で演奏されるという、これまた過去のアルバムにはなかった新しいパターンを打ち立てたんじゃ。そこに大きく貢献したのは、やはりポールじゃな。

「まさにビートルズ、最後の演奏ですね」

――曲はばらばらでも、聴き終わるとB面全体が一つにまとまっておる。決して散漫な印象は受けないよ。

「なるほど」

――メッセージその一〇一　細かい、ばらばらの話を続けてする時は、流れるように、ちゃんとつながりをもたせながら話すこと。最後に、やや間をおいてから、締めくくりのせりふを用意しておくと、なお良い。

「最後の間を置いた締めくくりというのは」

――『ハーマジェスティ』という短い曲が、アンコールとして最後に録音されておる。

「なるほど」

——なお、このレコーディングの頃は、四人全員が揃わずに、個人個人が違う時間にスタジオに入って自分のパートだけを録音するっていうシーンも見られた。こんな時には、メンバーへの伝言もメモで残しあったりしてね。

「ほんとですか」

——『ジョンへ　明日、一緒に晩飯でもどう?　ポールより』

「そんなメモを残すのか!」

——『ポールへ　やだよ　ジョンより』

「交換日記かよ!」

——さてと。これがその『アビーロード』のレコードジャケットじゃ。

先生は「アビーロード」のLPジャケットを取り出して机に置いた。

「この写真もまた有名ですよねえ」

——メンバーがスタジオ前の横断歩道を渡っている。

「ええ」

――全員手を挙げて渡ってたら笑えたんだけどね。黄色い帽子かぶって。

「小学生か！」

――『横断中』って旗持たせてもよかったな。

「よしなさいよ！」

――あるいは誰か一人車に轢かれてるとか。

「轢かれてどうすんですか！」

――さて、このジャケット写真には有名なエピソードがある。

「エピソード」

――ポールの死亡説じゃ。

「死亡説？」

――そう。活動後期、ビートルズがスタジオにこもって、ファンの前に姿を見せなくなってから、一部のファンの間でポール死亡説ってのが流れ始めた。曲やジャケット、いろんなところにヒントが散りばめられておると言ってな、それはそれは強引な『証拠』がいくつも出てきたんじゃ。

「『アビーロード』発売の前に既にそんな説があったんですか」

――そうじゃ。そしてこの『アビーロード』のジャケット写真で決定的になった。

「そうなんですか」

――いろんな証拠があるんだが、例えばほれ見てみい、ポールは裸足じゃろ。

「あっ、ほんとだ」

――この四人の行進は葬列をあらわしておってな、裸足のポールは死人を意味する、なんてな説が広まった。

「確かに裸足はおかしいですね」

――どうせなら、三人で棺おけかついで、誰が見ても『ポールが死んだぞ!』ってわかるようなジャケットにすればよかったんだけどね。

「どんなジャケットですか!」

――あるいは、最後尾のジョージがポールの遺影を持って歩くとか。

「やめなさい！」

——ここで久々に丸秘資料といこうか。

「まだあるんですか」

——これがなんだかわかるかい。

先生は麻袋の下の方に手を突っ込んで、サンダルを取り出した。

「さあ、誰のサンダルですか」

——これはな、このジャケット写真を撮ったときにポールが履いてたものじゃ。

「ポールが」

——さよう。ジャケット用に写真を何枚も撮ったんじゃが、サンダルを履いておるのもあれば、裸足で撮られたのもある。履いたり脱いだりしてたんじゃな、ポールは。そして最後にはわしの手に届いたわけじゃ。

「何で先生のとこにくるんですか。大体、本物ですか、それは」

——あたりまえじゃ。見ろ、ここを。ここにちゃんと動かぬ証拠がある。

先生はサンダルの裏側を指差した。そこにはカタカナで「ポール」と書いてあった。

――ほら、名前が書かれておるぞ。

「何で日本語なんですか！」

――ふむ、そう言われれば何でだろうな。ヨーコが書いてやったのかな。

「うそだ‼」

――ポール死亡説を続けようか。

「そうしてください」

――このジャケット写真、ほら、左利きのポールが、タバコをなぜか右手で持っている。

「ほんとだ」

――そして後ろから、年下のジョージが灰皿を持って歩いてる。

「持ってないですよ！」

――ともかくじゃ。こじつけとはいえ面白いんじゃ、この『死亡説』ってのは。

「ポール死亡説ねえ」

——ポールに対抗して『リンゴ生存説』ってのもあったよね。

「ないでしょ、そんなもん！」

——この横断歩道のリンゴは靴をちゃんとはいている。従って、これは彼がまだ生きてるってことである。

「ふざけんな」

——あるいは『ストロベリーフィールズフォーエバー』辺りから、ドラミングがやたらにうまくなったから、リンゴも死んだかもって意見もあったらしい。

「リンゴが成長したんでしょ、それは！」

——『アデインザライフ』とか、ほんとかっこいいドラムだからな。

「そうですよね」

——『ジョージインド人説』ってのもあった。

「いいかげんにしろ！」

——このジャケットでジョージがジーンズをはいているのは、彼はカレーがとても好きだってことである。

「訳わかんねえぞ‼」

――さっきも話したが、『アビーロード』以前の歌にもポール死亡説に関してはいろんなヒントがあってな。例えば一九六七年のシングル、『ストロベリーフィールズフォーエバー』の最後。ここではジョンが『ポールを埋めた』ってつぶやいてるのが聞こえる。

「ほんとにそう言ってるんですか」

――更にそこを逆回転にすると、これまた不思議なことに『それをリンゴが掘り返した』って聞こえる。

「嘘つけ！」

――ま、ともかくこんな死亡説の駄目押しホームランになったのが、この『アビーロード』のジャケットという訳じゃ。

「駄目押しホームランねえ。しかし、ポールは反論しなかったんですか」

――反論しようにも死んじゃってるからね。

「死んでんのか、ほんとに！」

――死人に口無し。

「ふざけんな！」

――ここまで死亡説が盛りあがってくるとな、さすがのポールも黙っておらんかったよ。新聞記者を家に招いてな、『ねえ、俺は実は死んだのか？』って聞いたらしい。

「聞いてどうすんですか！」

――するとその記者が急に寒気を感じてね。息まで白くなってきて。『こりゃ死人がそばにいるぞ』って気づいたそうな。

「シックスセンスか!!」

――冗談。ポールはな、はっきりと『自分は生きてる。本人が言うから間違いないよ』って声明を出したよ。

「それで一段落ってわけですね」

――よからぬ噂が流れているときには、はっきり言わんとな、自分で。ここで久々にメッセージ。**メッセージその一〇二　会社で『あいつはもう死んでいる』なんて噂された場合ははっきり自分の口で否定すること。**

「『あいつはもう死んでいる』って。なんかアニメみたいですね」

——ちゃんと否定するんだぞ。

「まあ、会社でそんな噂はされないと思いますけど」

——さてさて。いよいよこの講義も終わりに近づいてきたかな。

「はい」

——一九六九年九月『アビーロード』発表後、メンバーはそれぞれ個人活動に戻った。この頃にはマネージメント契約をどうするとか、彼らの作品の版権をどうするとか、本業の音楽ではなく、様々なビジネス面の問題が山積しておってな、ここでもメンバーの意見が一致しないようになってきた。

「例のアップル絡みですか。お金の話はいったんこじれちゃったら、難しいですよね」

——こうしてみると、一九六七年に死んだブライアンエプスタインの存在がいかに大きかったかを感じないわけにはいかないな。

「そうですね」

——彼がビートルズにとって不利な条件の契約をいくつか結んだことは事実だし、たとえ彼が生きてたとしても成長した四人は彼の指示を無視して自分たちでやりたがったかもしれん。しかしじゃ、それらを差し引いても、やはりビートルズには彼が必要じゃった。

「彼の死後、メンバー間の関係もぎくしゃくするようになったんですからね」

——メッセージその一〇三　できる人間にこそ、有能な舵取り役が必要。

「上司次第で仕事はがらりと変わります」

——そして一九六九年後半、メンバー全員が個人活動を続ける中、とうとうジョンが『俺はもう辞める』と宣言する。

「ジョンが」

——このジョンの発言、まあ勢いで言ってしまったのかもしれんのじゃが、本音であったことは確かじゃ。ずっとこのことは秘密にされていたんじゃが、一九七〇年四月、今度はポールがビートルズから脱退する声明をマスコミに出してな。これでビートルズに一応の終止符が打たれることになった。

「ほんとに六〇年代と一緒に幕を下ろしたんですね、ビートルズは」

――意識していたわけじゃないにせよ、七〇年代という新しい時代の到来に合わせて、自分達も舞台から消えたんじゃゃ。そして違う姿で生きていこうとしたんじゃな。

「きりがいいですね」

――メッセージその一〇四　きりがいいのはいいこと。あと一〇分だけ残業するかという時も、思い切って八時（あるいは九時、一〇時、一一時…）ちょうどに仕事を切り上げて、家に帰ろう。

「最後まで強引なメッセージの読み取り方ですねえ」

――いくつか捉え方はあるにせよ、このポールの声明が公になった一九七〇年四月一〇日、これが一般的にはビートルズ解散の日と言われておる。

「まさか、またも強引な駄洒落が」

――『世の中ひどくなる（一九七〇）。四人が（四）、てんで（一〇）ばらばらだ』

「うーん、これはうまいです、先生」

――最後の日付じゃ、よく覚えておくがよいぞ。

「はい」

――こうしてビートルズは遂に解散となった。ただこの後、例のゲットバックプロジェクトのテープ、映像が編集されてな。アルバム、映画『レットイットビー』としてリリースされた。メンバーはほとんど関心示していなかったけどね。

「へえ」

――これでビートルズとしての活動は完全に停止することになる。振り返ると、ビートルズはその活動の中でいくつか『やめる』決断をしてきた。

「ええ」

――デビュー直前ピートベストを解雇したのも、彼をメンバーにしておくのを『やめる』決断と言えるし、世界のアイドルに君臨してからは、コンサートツアーを『やめた』。

「そうですね」

——アイドルのような風貌を『やめて』ひげを生やし始め、最後にはきっぱりとビートルズとしての活動を『やめた』。

「なるほど」

——人間、成長するには『やめる』決断が必要なんじゃゃ。ビートルズはその決断を重ねながら、やるべきことを見つけ、それに集中していった。これは組織でも全く同じことだぞ。

「はい」

——メッセージその一〇五　新しいことを始めること以上に、既存のものをやめることは難しい。しかし、無駄で意味のないことなら、思い切ってやめ、やるべきことに集中できる環境とすること。

「何も考えず、ずるずる続けていることは多いです、会社には」

——そんなものは早くやめることじゃゃ。よく言うじゃろ、『選択と集中』と。

「そうですね」

――さてと、これぐらいかな。とうとうこれで、わしの講義は終了じゃ。

「いやあ、お疲れ様でした」

――しかしいっぱいメッセージが出てきたねえ。

「いや、ほんとにそうですね。見てください、メモで一杯ですよ、このノート」

――それは宝じゃ、おぬしの今後の会社人生にとってな。くれぐれも大事にするがよいぞ。

「そうします」

――では、午後はフリーディスカッションといこうか。

「とうとう来ちゃいましたね」

――総決算じゃ。これまでのメッセージをもう一度振り返ってみて、今回の研修を踏まえて今後の会社人生にどう臨んでいくべきか、ここにいる全員で討議してみよう。

「だから先生、生徒は私一人です」

――そうか。

「はい」

――わっはっはっは。

「最後まで高笑いですか」

――では最後に一曲聴くか。

「是非お願いします」

――やはりこれじゃろう、最後のシングル『レットイットビー』、と思いきや、そのB面、『ユーノウマイネーム』です。どうぞ。

「最後もB面かよ!!」

余談その⑨　終電の中で考えたこと

現役ミュージシャンの曲をほとんど聴かない。人生は短い。確実にいいもの、古くから生き残っているものを選択して聴いていくのは当然である。そしてそれを繰り返し聴く。何度も何度も。そうしているうちに私は気づく。これじゃ、最近の音楽聴いてる時間がないよ、と。過去、最も多くの時間を費やしたアーチスト、それはやはりビートルズだ。ビートルズの生き様からは、いろんなことを学びとることができた。人生は短い。人がやってることをやってもしょうがない。同じことばかりやっていてもしょうがない。のろのろ進んでいてもしょうがない。恐らく私の理想の生き様はこう言えるのかもしれない。音楽は思いっきり後ろ向き、そして仕事は前向きで、と。後ろ向きな姿勢を通して、前を向く大切さを知る。実に複雑である。とは言え、仕事もよく後ろ向きになって、上司から毎日叱られているのが現実ではあるが。いかんね、これでは。こんなことを考えながら、今日も私は終電の中で「アビーロード」を聴いている。うーん、ビートルズは最後まで前向きだったな。

◆最終限「フリーディスカッション」

——さて、ではまとめをしてみようかの。

「はい」

——言った通り、フリーディスカッションじゃ。おぬしが昨日、今日の講義で感じ取ったことを、何でも述べるがよい。

「そうですか。では始めますね。一番強く感じたこと、それはビートルズは同じ場所に留まらずに、常に『変化』し続けたってことでしょうか」

——ふむ。

「まずルックスがそうですよね。写真で見た通り、初期と後期では全然違います。まるで親子ですよ。一〇年弱であんなに変われる人はなかなかいないでしょう」

——そうじゃな。

「曲にしても同じことが言えます。アルバム毎に、確実に曲風が変わっていったという印象を受けました。例えば『シーラブズユー』から僅か四年後には『アデイインザライフ』を作ってますよね。これは驚異的ですよ。今のアーチストはもちろんですけど、我々社会人として考えても、それだけ進化するってことはまず無理です」

――おぬしはどうかね。

「いやあ私だって、例えば四年前と今は、どう変わってるかって言われても、何がどうってすぐ答えられませんよ、自信を持って」

――そうか。

「違う言い方をすれば、ビートルズの変化は速かったってことですよね。短期間でどんどん、劇的に変わっていく。これはのろのろしていては無理です」

――彼らは何をやるにも速かったよ。じっとしておれん質（たち）じゃったな。

「ともかくビートルズの変貌振り、これをこの研修で一番強く感じました。そしてそれこそ、我々サラリーマンにも必要なことじゃないかと思いますけど」

――その通りじゃ。これは講義の中でも触れたけどな、『変わらなきゃ』ってのは最も重要なキーワードの一つだぞ、会社人にとっては。

「『変わらなきゃ』って、そのフレーズ、どっかで聞いたことありますね」

――しかも『速く』な。

「はい」

――メッセージその一〇六　マンネリは最大の敵。とどまることなく、組織全体で、迅速に変化し続けること。

「ただサラリーマンにとっては、変わることって実際にはなかなか難しいんですけどね」

――些細なことから始めればよい。例えば通勤ルート、電車の乗る位置。

「なるほど」

――ランチの場所、ワイシャツの色、ネクタイの柄、トイレの個室の場所。

「トイレですか」

――オナニーの対象あるいはする曜日。

「おい！」

――日常生活の些細な部分から変えるんじゃ。こうすれば必ず他の部分も変わるし、違うものが見えてくる。

「つい無難に同じことを繰り返すきらいがあります、サラリーマンには。場合によってはそうしろって指示されることもありますし。しかしそうじゃないんですね」

――サラリーマンが何も考えずに同じことを繰り返してきたから、今の日本経済の危機的状況があるんじゃ。

「その通りかも」

――その通りじゃよ。

「更に言うと、ビートルズの変わり方には、『現状破壊』の匂いが強く感じられました」

――『現状破壊』か。

「わが社で今社長が繰り返している言葉に『イノベーション』って言葉があります」

――マスターベーションか。いい言葉じゃ。

「イノベーションですよ‼　現状に決して満足せず、常に破壊する精神を忘れずに新しいものを追求せよ、ってことなんですが、これなんかまさにビートルズがやっていたことですよね」

――さよう。

「過去の常識、自分たちがやったこと、他人がやっていること、その全てを否定、破壊して、新しいことに挑戦し続けたのがビートルズだと思います。犬だけに聞こえるレコードを作ろうか、なんて誰も考え出しませんからねえ」

——そりゃそうじゃな。これもメッセージとして残そうか。**メッセージその一〇七『創造的破壊』の精神を忘れずに、従来のやりかたを変えていくこと。**

「ありがとうございます」

——『ビートルズは人生だ』なんてよく言われる。これも彼らが『変わり続けた』からこそじゃ。

「ええ」

——しかも次々にな。

「繰り返しになりますけど、本当に成長は速かったですよね」

——さすがビートルだけに、昆虫並みに速く、ドラマティックな成長ぶりじゃった。

「昆虫ですか！」

――幼虫と思ってたらいつのまにかさなぎに。と思ったら、幼虫からは想像もつかないような姿をした成虫に変貌した。

「なかなかうまいですね」

――と思ったらある朝突然ぽっくりと死んでいた。

「飼ってるかぶとむしそのものかい！」

――それだけ変われたからこそ、その活動期間にはいろんな出来事が含まれておる。曲の素晴らしさは勿論じゃが、ファンとしてはその活動内容、奴らが何をやったのか、を知るだけで楽しいんじゃ。だからこそ、未だにファンが増え続けていると言える。

「人生に匹敵するだけのいろんな経験をしているから、新たな発見が次々とあって、ファンとしても飽きないのか」

――その通り！　これは奴らが『変わり続けた』からこそ、じゃ。

「なるほど」

――『変わる』ということについて、ついでにもう一つ。おぬしが指摘した通り、ビートルズは過去の実績には全くこだわらなかった。思い出すどころか、一年前のことでさえ大昔のこととして捉えておった節がある。

「一年前を大昔と」

――一九六四年ロサンゼルスのハリウッドボウルでのコンサートを収録したライブアルバムがある。それを聴くとわかるんじゃが、そのコンサートで前年一九六三年に発売された大ヒット曲『シーラブズユー』を演奏する際、ジョンは『次の曲はオールディーズの一つです』と紹介しておる。

「へえ」

――たった一年前の曲が『オールディーズ』じゃ。一年前がもう大昔のことで、ステージで繰り返すことさえ本意じゃなかったんだろうな。

「なるほど」

――これをそのまま真似て、会社で一年前のことを上司から聞かれた際に、『そんな大昔のこと、覚えてるわけないでしょ！』なんて痛快に言い放ってもよいかもしれん。

「それは言えないでしょ！」

――ともかく、過去に対するこの捉え方、これこそが『変われる』原動力じゃ。

「はい」

メッセージその一〇八　過去にはこだわらず、とらわれず。

「小泉首相みたいですねえ」

――今日を生きるんじゃ。常に前を向きながらな。

「はい」

――さて、『変化』以外には何か感じたことはないかね。

「彼らが有能なスタッフに囲まれていたからこそ成功できたってことはもちろんですが、ついでに言うなら、ローリングストーンズやら、ボブディラン。いい好敵手に囲まれたからこそ、彼らは互いに成長できたとも言えますよね」

――その通りじゃな。**メッセージその一〇九　競争原理が優れた成果を生み出す。社内においても常に競争が存在するよう、スタッフの配置、評価を考え**

ること。

「部下を育てるときには特に大事ですね」

——スタッフ、競争相手、これもそうじゃが、四人の団結が強かったこともちろん大きかった。彼らはけんかもしたが、チームとして自分の役割を意識しながら、いつも互いを盛り上げあって、結束は強かったもんじゃ。

「ええ」

——これも例がある。ステージでの演奏やレコーディング中に、彼らはよくメンバー同士で掛け声をかけあったもんじゃ。『ボーイズ』や『アイウォナビーユアマン』でリンゴがよく『オーライジョージ！』って叫んだり、『アイムダウン』でポールが『ハリーアップジョン！』って叫んだりね。これがまた結束を固めるんじゃな。

「チームワークですねえ」

——メッセージその一一〇　同僚に対しては、『任せたぞ！』とか、『ここは頼むぞ！』と、大声で激励しあいながら仕事を進めよう。

「やなオフィスですね、しかし」

――盛り上がること間違いないよ。

「そりゃまあ」

――他には何かあるかな。

「そうですね、彼らが成功を収めたのはあっという間であったと思いますが、その戦略として、一つずつ身近な目標をまずは目指していく、という印象を受けました」

――なるほどな。

「リバプールからハンブルグ、そしてまたリバプール、その次にロンドン、英国、それから欧州全体、そして米国、更にはアジア、オセアニア。つまりちゃんと計画をたてて、目の前の目標を確実にクリアしていく、という進み方をしたと思うんです」

――サラリーマンにも重要なことじゃ。仕事を進める上でも部下を育てる上でもな。

「そう思います」

――メッセージその一一一　①施策を進める際には、明確な計画を策定し、

一歩一歩確実に進むこと。いきなり頂点を目指すのは無謀だ。②部下に対しては、常にクリアな目標を与え、その都度達成感が味わえるようにすること。

「達成感、これは重要ですよね、私たちサラリーマンにとっては」

――そうじゃ、人間それがあってこそ、生きていけると言ってもよい。

「それから忘れてならないこと、それはユーモアの大切さです」

――そうじゃな。

「いつでもビートルズの周りには、笑いの雰囲気が漂っていたことが今回の研修でわかりました。本人たちは結構適当に、といったら語弊があるかもしれませんが、真剣な中にもリラックスして、笑いながら仕事をしてたんですよね」

――そうじゃ。わしはこれこそ、最も重要なメッセージと思うぞ。

「先生はユーモアの塊みたいなもんですからねえ」

――皮肉か。

「いえいえ」

――ビートルズ。今じゃ誰もが神格化して、崇高な存在として捉えようとしておる。わしはそんな風潮がどうも好きになれん。そりゃ確かに曲は素晴らしいし、あんなアーチストは二度と現れはせんじゃろう。ただそれを例えば彼らのキャラクターにまで絡めてじゃな、メンバー自身を偉人化しようとするのはどうかと思う。

「ええ」

――異人じゃないぞ、ちなみに。

「わかりますよ！」

――我々日本人にとっては、異人か。

「しつこいよ！」

――そうじゃないんだな、ビートルズは。奴らはどこにでもいる、ただ音楽、そしてユーモア、皮肉が好きな元気な若者じゃったんだ、もとはと言えば。それがあそこまでの成功を収めることができた、ここにこそ彼らのすごさ、ミラクルさが感じられるわけで、別に彼らが生まれたときからミラクルな存在だったわけではない。

「ミラクル、ミラクルって長嶋さんみたいですね」

——そしてビッグになってからも、やつらは昔と何の変わりもないユーモア精神旺盛の若者たちだったんじゃ。

「なるほど」

——どうも、最近はそういう見方がされておらんでな、ビートルズなんて言うと、知らない連中は、『また絶賛するだけでしょ』なんて敬遠したりすることになる。それも当然じゃよ、これだけ絶賛の嵐が吹き荒れておってはな。そうやって神格化するだけじゃなくてさ、もっと、彼らの本当の姿を伝えないといかんのじゃ。

「いや、よくわかりますよ」

——しょせんは『ぱいおつ、ぱいおつ』なんて繰り返しては喜んでるしょうもないガキなんだからね。

「何もそんな言い方しなくとも」

——コミックバンドなんだから、ビートルズも。ビジーフォーかビートルズかって感じだよ。

「そりゃ言い過ぎでしょ」

――グッチ裕三とジョン、モト冬樹とポール、なんていい勝負だぜ。

「どんな勝負ですか！」

――ま、わしが言いたいことは、ユーモア精神に溢れるビートルズ、これを捉えるときに、我々自身がユーモアを忘れてどうする、ってことなんじゃ。

「はい」

――メッセージその一一二　半日に一回は爆笑が起きるオフィスを目指そう。

「爆笑ですか」

――ただし、ユーモアと悪ふざけ、というか、いいかげんな態度ってのは似てるようで大きく違うから、そこは間違えないように。

「うーん、深いですね」

――さてと、だいぶ方向性が見えてきたようじゃな、君の今後の会社人生も。

「そうですね」

――スピード重視で常に変わり続けること、そして周囲のスタッフと協力し合いながら、目的意識をちゃんと持って仕事を進めること、ただし笑いはいつも忘れずに、ってか。

「ええ」

――ではわしのほうから最後を締めくくろうかの。

「はい」

――これは講義中にも少し触れたかもしれんが、彼らの年齢のことじゃ。デビュー当時は彼らはまだ二十代前半、解散の時でも、最年長のジョン、リンゴでさえ三十になる直前だった。つまり彼らはあれだけの実績を全て二十代の時に残したんじゃ。

「そうですね」

――知ってた？

「『知ってた？』って、先生そんないきなり」

――おぬしは今何歳かな。

「今年三二です」

――そうか。もちろん三十代、四十代には、二十代と違ってもっと違うこと、大きなことができるだろう。しかし会社の中ではどうしても年次が進めば、別な意味でやりにくさが出てくるのもまた事実じゃ。

「その通りです」

――それとうまく兼ねあって組織を前進させることこそ、三十代以降の役割じゃ。ま、今回の講義でのメッセージをもう一度思い出してみれば、きっと何かヒントが見つかるよ。

「はい」

――それはさておき、二十代じゃ。二十代にしかできないことが実はたくさんある。また、この時にこそやらなきゃいかんことも一杯ある。二十代と言わんでも、入社以降一〇年として捉えてもよい。そうすればおぬしはまだ入るじゃろう。

「入社八年目です」

――最初の一〇年、これが肝心なんじゃ。この期間でその後の会社人生の多くが決まる、と言っても過言ではない。ビートルズの実績、それは彼らが社会に飛び込んで僅か一〇年で達成したことじゃ。会社人も日々それを忘れずに、仕事に取り組むことじゃ。

「はい」

――最後のメッセージじゃ。**メッセージその一一三　入社以降最初の一〇年が大切。この時期こそ、最も充実した仕事ができる期間だと言い聞かせて、仕事に取り組むこと。**

「ありがとうございます」

――これでメッセージは終わりじゃ。どのメッセージも大切にするんだぞ。

「そうします。何度もこのノートを読み返してみますよ」

◆閉講のご挨拶

――さてと、とうとうこの講義も終わりじゃ。よく最後まで頑張ったな。

「なんだかあっさり終わる気がしますけど」

――これでいいんじゃ。後はおぬしが、明日からの生活の中で、迷いが生じたときにそのメッセージが詰まったノートを開いてみればよい。それで何かヒントが見つかるなら、十分にこの講義の意義があったと言えよう。

「そうですね」

――もし何も見つからなかったら。

「見つからなかったら」

――その時はごめんね。

「『ごめんね』って、先生！」

――じゃ、あとはレポート適当に書いて人事に出すようにな。

「適当でいいんですか、適当で」

――大事なのは、その成果をちゃんと実際の業務で生かせるかどうかじゃ。

「そりゃまあ」

――よく、レポート書くためだけに研修受けてるバカがいるからな。そんなふうにはならないこと。

「わかりました」

――ではわしはこれで失礼するぞ。

先生はそう言って、机の上やら床に散らばっているアルバムジャケット、写真その他の資料をかき集め、無造作に麻袋に戻し始めた。

「先生、最後に質問していいですか」

――なんじゃ。

「いったい先生は何モンなんですか」

――実にストレートな質問じゃな。

「失礼なことは十分承知しておりますが、どうもビートルズと先生には何か特別な関係があるような気がして」

――何もないよ。ただ、彼らが現役当時からファンだったのは事実じゃがな。

「へえ、そうなんですか」

――恐らく日本人ではわしが初めてじゃろうな、彼らを知って、実際に見たのは。

「やっぱり」

――しょうがない、最後にいくつか写真を見せようか。

きれいに片付けられた机の上に、先生はまた何枚か写真を袋から取り出して並べた。

――まずこの写真、これはリバプールのキャバーンクラブ、一九六二年頃じゃ。ほら、ここを見てみい、演奏してるジョンの前、最前列の席に、地元の女性ファンに紛れ、何故か一人の東洋人男性が腕を組んで座っておる。

「あ、ほんとだ、ほんとだ」

——これがわしじゃ。

「ほんとですか？」

——うん。

「今と全然顔違いますね、しかし」

——次はこれ。映画『アハードデイズナイト』のワンシーン。駅でファンがビートルズを走って追っかけてるところ。

「そうですね」

——よーくご覧、ここで転んで後から来るファンに踏まれて『うぎゃっ』って叫んでいる、東洋人らしき人物。

「ええ」

——これもわし。

「うそだ！」

——ほんとじゃ。このときにはこれまたエキストラで参加していた、まだ無名のフィルコリンズ君と友達になったよ。

「うーん、ほんとだかどうだか」

――それからこれ。一九六五年、ニューヨークのシェアスタジアムでの公演。

「ええ」

――ほら、ここに一人の男性がフェンスをよじ登ってグラウンドに降りようとしてるが、警官に引きずり下ろされている。

「そうですね」

――これも恥ずかしながら私。

「これが」

――そう。最後にこれ。これは一九六六年、羽田空港に到着したときのビートルズ。

「はっぴ着てタラップ降りてきてますね」

――ほら、ここを見てごらん。機体の下に整備士が給油パイプを持って待機している。

「そうですね」

――これも僕。

「もぐりこんだのか、あんたは！」

――いや、あの時は警備が無茶苦茶厳しかったから、こんな格好しないとね。

「しかし、何と言っていいやら」

――まあ、きりがないよ、こんな写真は。ともかく、彼らが好きでこんな風にずっと見守り続けるうちに、彼らの成功の秘訣を学び取ることができた。それを後世に、特にサラリーマン諸君に伝えようとしてるのがわしじゃ。

「しかし何故またサラリーマンに」

――なんだかんだ言って、サラリーマンがしっかりせんことには、国は滅びるからな。

「やけにまっとうなご意見ですね」

――ビートルズは会社が大嫌いじゃった。毎日同じことの繰り返し、そんな生活には決して耐えられないってな。

「そうですよね」

――ただこれからの会社人はな、ビートルズの面々にも理解してもらえるような行動をとっていかなきゃならん。

「ビートルズにも理解してもらえるような」

――そうじゃ。それこそがこの講義で授けた数多くのメッセージじゃ。

「はい」

――合計一一三個じゃ。

「数えてるんですねえ、ちゃんと」

――これらのメッセージをもとに、ビートルズを見習えば、退屈で楽しみも見つからない、なんてな典型的なサラリーマン生活とは必ずおさらばできる。と言うよりも、おさらばせにゃならんのだ、これからは。

「よくわかります」

――そうすればビートルズも、『サラリーマンって、実は結構面白そうなんだな』と言ってくれることだろう。

「そうですね」

――言わないか、そんなことは。

「最後の最後に否定してどうすんですか!!」

――ともかく、この一二三個のメッセージを忘れず、明日からの仕事に臨んでいってくれたまえ。

「そうします」

――ではこれでさらばじゃ。

「二日間、ありがとうございました。本当にこの研修を選んでよかったです。今度はお酒でも飲みながらゆっくりお話したいですね」

――六本木のライブハウス「アビーロード」に来なさい。毎晩一人でちびちびやっちょる。

「わかりました」

――では、若いの、がんばれよ。

「はい」

先生は麻袋を肩に担ぎ、教室をよろよろと出て行った。そのとき、袋の中から「ワン！」と犬の鳴き声が聞こえた。

研修終了

〔参考資料〕

〈文献〉

1 『THE BEATLES「改訂増補版」―ザビートルズその栄光の軌跡』(香月利一)音楽専科社

2 『ビートルズ現役時代 THE DAYS OF THE BEATLES 1964-1970』ミュージックライフ復刻シリーズ シンコーミュージック

3 『THE BEATLESアンソロジー』ザビートルズクラブ リットーミュージック

4 『ビートルズレコーディングセッション』(マークルイソン 内田久美子翻訳)シンコーミュージック

〈ビデオ〉

1 『ザビートルズ 武道館コンサート』バップビデオ

2 『ザビートルズアンソロジー』東芝ＥＭＩ

著者プロフィール
ハリス 篠原（はりす しのはら）
1967年、愛知県生まれ。
上智大学法学部卒。
ビートルズを愛する、平凡な会社員。

サラリーマンよ！ ビートルズだ！
爆笑講義 できる会社員への道

2003年4月15日 初版第1刷発行

著 者 ハリス 篠原
発行者 瓜谷 綱延
発行所 株式会社文芸社
〒160-0022 東京都新宿区新宿1－10－1
電話 03-5369-3060（編集）
03-5369-2299（販売）
振替 00190-8-728265

印刷所 株式会社ユニックス

ISBN4-8355-5463-9 C0295